FRAG
doch mal...

Die wichtigsten Fragen zum Schulanfang
&
Die erstaunlichsten Fragen an die Maus

W0057890

DIE WICHTIGSTEN FRAGEN ZUM SCHULANFANG
&
DIE ERSTAUNLICHSTEN FRAGEN AN DIE MAUS

Sandra Noa & Sabine Dahm

Mit Illustrationen von Inka Vigh
und Antje von Stemm

Weitere Geschichten für den Schulanfang:
Die wilden Freunde zum Lesenlernen: Ab ins Freibad! /
Wo ist Oskar? (Doppelband)
Lesen lernen mit Conni: Conni und die Schultiere /
Conni und die Wald-Detektive (Doppelband)
Ratz und Mimi zum Lesenlernen: Ratz und Mimi /
Sofa in Seenot (Doppelband)

Wir produzieren nachhaltig
• Klimaneutrales Produkt
• Papiere aus nachhaltigen und kontrollierten Quellen
• Hergestellt in Europa

MIX
Papier | Fördert
gute Waldnutzung
FSC® C021394

Wir behalten uns die Nutzung unserer Inhalte für Text- und
Data-Mining im Sinne von § 44b UrhG ausdrücklich vor.

Sonderausgabe
Veröffentlicht in der Carlsen Verlag GmbH
Völckersstraße 14–20, 22765 Hamburg
Mai 2024
Copyright © 2020, 2022, 2024 Carlsen Verlag GmbH, Hamburg
Umschlag- und Innenillustrationen:
Inka Vigh und Antje von Stemm
Umschlaggestaltung: formlabor
ISBN 978-3-551-32202-9

Carlsen-Newsletter: Tolle Lesetipps kostenlos per E-Mail!
Unsere Bücher gibt es überall im Buchhandel und auf carlsen.de.

INHALT

Die wichtigsten Fragen zum Schulanfang

INHALT

Die erstaunlichsten Fragen an die Maus

FRAG
doch mal ...

DIE WICHTIGSTEN
FRAGEN ZUM
SCHULANFANG

Sandra Noa

Mit Illustrationen
von Inka Vigh

KRIEGEN ALLE KINDER ZUR EINSCHULUNG EINE SCHULTÜTE?

Tatsächlich sind Schultüten nur in Deutschland und Österreich üblich. Sie stecken voller Süßigkeiten und kleiner Geschenke!

Der Brauch für diese Zuckertüten entstand vor über 200 Jahren in Sachsen und Thüringen. Dort erzählt man sich bis heute die Geschichte vom Baum, an dem statt Früchten Zuckertüten wachsen. Sind diese Tüten groß genug, werden die Vorschulkinder mit einem Fest aus dem Kindergarten verabschiedet.

Am ersten Schultag feiern Kinder mit ihren Familien überall in Deutschland die Einschulung. In den meisten anderen Ländern gibt es für ABC-Schützen weder Schultüte noch Party. Im Gegenteil: In Russland bekommen die Lehrerinnen und Lehrer am ersten Schultag ein Geschenk. Jedes Kind bringt ihnen einen Blumenstrauß mit. In Indien essen viele Kinder zur Einschulung einen Joghurt aus Kuhmilch. Da Kühe in Indien als heilig verehrt werden, soll so eine Milchspeise Glück bringen.

WIE SAH DEINE SCHULTÜTE AUS?

In Grönland ziehen Kinder am ersten Schultag traditionelle Kleidung an und verteilen Flaggen.

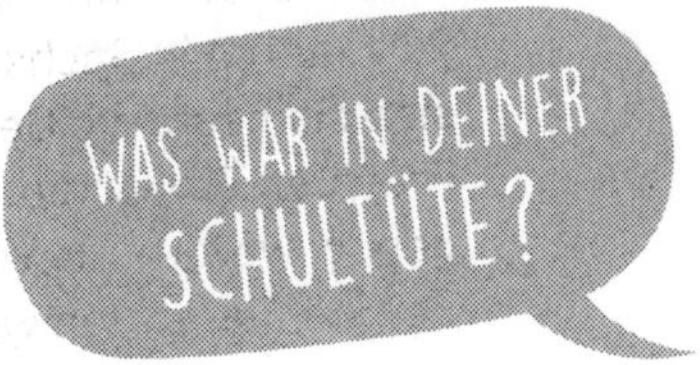

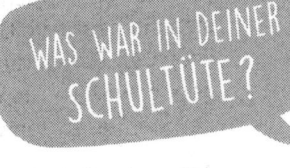

WAS WAR IN DEINER SCHULTÜTE?

Wegen der süßen Leckereien nennen viele die Schultüte auch Zuckertüte.

DANKE AUS DER KÜCHE

Bestimmt hast du zur Einschulung Geschenke bekommen. Wenn du dich bei den Schenkenden mit einer köstlichen Kleinigkeit dafür bedanken möchtest, findest du hier ein paar Ideen. Die Aufmerksamkeiten sind schnell fertig und noch dazu superlecker! Kleiner Tipp: Vergiss nicht, auch für dich selbst eine Leckerei zu machen.

SELBST DEKORIERTE SCHOKOLADE

Einfach eine Tafel Schokolade im Wasserbad schmelzen, auf Backpapier gießen und alles drauflegen, was toll aussieht. Wie wär's mit Brezeln und bunten Schokolinsen? Oder lieber klein gehackten Zuckerstangen und Gummibärchen? Abkühlen lassen. Fertig!

BACKMISCHUNG IM GLAS

Such dir ein Kuchenrezept aus und lege alle haltbaren Zutaten dafür bereit, also so was wie Mehl, Zucker, Nüsse, Backpulver und Schokotropfen. Dann füllst du alles in mehreren Schichten in ein Glas, zum Beispiel ein sauberes, altes Marmeladenglas. Achtung: Es muss groß genug sein! Dann nur noch Rezept mit den frischen Zutaten ausdrucken und dranbinden. Fertig!

KRÄUTERSALZ

Mische etwa 250 Gramm Meersalz mit verschiedenen getrockneten, im Mörser zerriebenen Kräutern. Eine leckere Kombination dafür sind zum Beispiel Rosmarin, Thymian und Pfefferminze. In ein kleines Glas oder Döschen packen. Fertig!

MAUS–TIPP: Höchstens ein Viertel der Mischung sollte aus Kräutern bestehen.

WARUM WACKELN MEINE ZÄHNE?

Bei der Geburt sind die Zähne zwar noch nicht zu sehen, aber schon vorhanden. Sie sind im Zahnfleisch versteckt und kommen meist heraus, wenn das Baby etwa sechs bis sieben Monate alt ist.

Diese ersten kleinen Zähne, die perfekt in einen Babymund passen, nennt man Milchzähne. Würden sie ein Leben lang bleiben, hätten alle Erwachsenen große Lücken zwischen den Zähnen. Das würde nicht nur ungewohnt aussehen, sondern wäre auch sehr unpraktisch. Damit könnte niemand gut essen und auch beim Sprechen würde es stören. Deshalb werden alle 20 Milchzähne durch bis zu 32 bleibende Zähne ersetzt. Meistens kriegen Kinder im Alter von fünf bis sieben Jahren ihren ersten Wackelzahn. Der entsteht, weil im Zahnfleisch sogenannte Fresszellen die Zahnwurzel einfach wegfuttern. Je mehr eine Wurzel schrumpft, desto weiter kann der bleibende Zahn nachrutschen. Ist die Zahnwurzel ganz weg, wackelt der Zahn, weil ihn nichts mehr im Zahnfleisch festhält. Irgendwann ist der Wackelzahn so locker, dass er ausfällt. Du hältst dann den Teil des Zahns in der Hand, den wir im Mund immer sehen – ohne die weggefutterte Wurzel. Nun ist der Weg für den bleibenden Zahn komplett frei.

HAST DU SCHON EINEN WACKELZAHN?

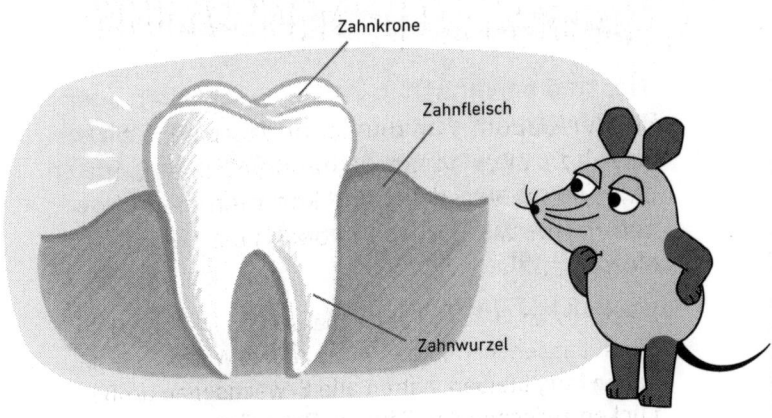

Zahnkrone

Zahnfleisch

Zahnwurzel

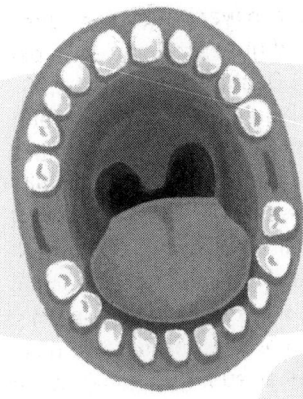

Jedes Kind hat 20 Milchzähne, 10 unten und 10 oben.

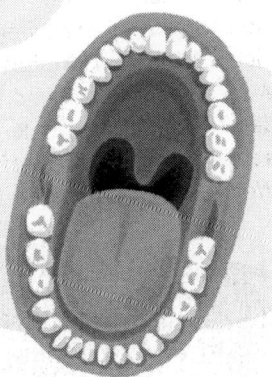

Erwachsene haben zwischen 28 und 32 Zähne.

UPCYCLING: MILCHZAHN-DOSE

Na, sind bei dir schon Zähne ausgefallen oder ordentlich am Wackeln? Dann wird es höchste Zeit für dein eigenes Zahn-Döschen. Wir zeigen dir, wie du eins aus einer leeren Creme-Dose schnell selbst basteln kannst.

DU BRAUCHST DAFÜR:

• 1 leere Creme-Dose

• je nach Größe der Dose etwas Altpapier

• Knete in unterschiedlichen Farben

• Stifte, Aufkleber, ... zum Dekorieren

SO MACHST DU ES:

1. Dose gründlich auswaschen und abtrocknen.

2. Falls die Dose sehr hoch ist, lege sie unten mit zerknülltem Papier aus. Darüber sollten 1 bis 2 Zentimeter frei bleiben.

3. Aus der Knete formst du ein Muster, das dir gefällt.

4. Mit deiner Handfläche drückst du die Knete schön platt.

5. Jetzt benutzt du die Cremedose wie eine Ausstechform. Stülpe sie über deine platte Knete.

6. Schiebe die Scheibe aus Knete vorsichtig in die Dose.

7. Du kannst die Dose anmalen und bekleben. Wenn du Geschwister hast, schreib vielleicht noch deinen Namen drauf. Dann verwechselt ihr eure Dosen nicht.

8. Fehlen nur noch die ausgefallenen Zähne.

MAUS-TIPP: Wenn du die Dose immer zuschraubst, trocknet die Knete nicht aus.

WER BEGLEITET MICH ZUR SCHULE?

Mama, Papa, Freundinnen oder Freunde – das werden in den nächsten Jahren deine morgendlichen Begleiter sein.

Ist deine Schule nicht so weit weg von zu Hause, geht ihr sicher zu Fuß, nehmt das Fahrrad oder den Roller. Vielleicht gibt es bei euch sogar einen „Bus auf Füßen". Das ist eine Gruppe, die jeden Morgen zusammen läuft. Unterwegs stoßen an speziellen Haltestellen immer mehr Kinder aus unterschiedlichen Klassen dazu. Begleitet werden sie von einem Erwachsenen.

Ist deine Schule weiter weg, stehen Bus und Bahn zur Auswahl. Oder fährt vielleicht ein Schulbus? Einige Eltern bringen ihre Kinder auch mit dem Auto zur Schule.

Der erwachsene „Busfahrer" passt beim „Bus auf Füßen" eigentlich nur auf, dass alle sicher über die Straße kommen.

In anderen Ländern sieht der Schulweg oft ganz anders aus.

In Äthiopien laufen manche Kinder durch die Wüste zur Schule. Das kann ganz schön heiß werden. Schon morgens sind es oft über 30 °C. Auf dem Rückweg klettert das Thermometer auf über 50 °C – eine Temperatur, die wir nur aus einem in der Sonne geparkten Auto kennen.

Oimjakon in Sibirien ist eine der kältesten Städte der Welt. Da muss man sich auf dem Schulweg sehr warm anziehen. Aber weil es immer so kalt ist, bekommen die Kinder dort erst ab -54 °C kältefrei.

In den Gebirgen in Südamerika und Asien wäre der Schulweg zu Fuß oft zu weit. Deshalb bauen manche Eltern Seilrutschen für ihre Kinder. Statt mehrerer Stunden brauchen sie so nur wenige Minuten.

SPIELE FÜR DEN SCHULWEG

Wenn auf dem Schulweg mal Langeweile aufkommt oder du keine Lust auf Quatschen hast, kannst du was spielen. Ist hier eine Idee dabei, die dir Spaß macht?

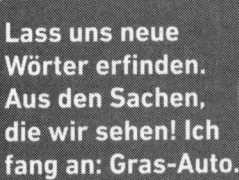

Lass uns neue Wörter erfinden. Aus den Sachen, die wir sehen! Ich fang an: Gras-Auto.

Okay, ich hab auch schon zwei: Roller-Ampel und Hunde-Bäckerei.

Guck mal, auf dem Autokennzeichen steht: EIS!

Und bei dem da kann man mit den Anfangsbuchstaben einen Satz machen: Alle Kinder sind lustig!

KANN MAN IN DER SCHULE ANZIEHEN, WAS MAN WILL?

Bei uns kann jedes Kind in der Schule anziehen, womit es sich wohlfühlt.

Einzige Ausnahme: Aufdrucke mit beleidigenden Sprüchen – die sind an jeder Schule verboten. An einigen Schulen gibt es zusätzliche Regeln, dass die Kinder zum Beispiel nicht in Jogginghose kommen dürfen. Viele bieten Pullis oder Shirts mit dem Schul-Logo an. Diese tragen die Kinder dann zum Beispiel bei Spendenläufen oder in ihrer Freizeit und zeigen so, wie sehr sie ihre Schule mögen und unterstützen.

Es gibt aber auch Länder, in denen es eine richtige Kleiderordnung gibt oder wo die Kinder nur in Schuluniform zum Unterricht erscheinen dürfen.

Jede Schule hat ihre eigene Schuluniform, wie hier in Neuseeland und Brasilien.

KLEIDUNG GESTALTEN

Hast du noch ein paar langweilige Klamotten im Schrank? Dann bekommst du hier einen Tipp, wie du sie in echte Hingucker verwandeln kannst.

BESPRÜHT!

DU BRAUCHST DAFÜR:

• Folie oder Zeitungspapier

• 2 Bögen Pappe

• 1 helles, gewaschenes T-Shirt aus Baumwolle

• Kreppklebeband

• Textilsprühfarbe

SO MACHST DU ES:

1. Deine Arbeitsfläche schützt du mit Zeitungspapier oder Folie vor bleibenden Flecken.

In das T-Shirt steckst du einen Bogen Pappe. So färbst du nicht aus Versehen auch die Rückseite des Shirts mit.

2. Klebe das T-Shirt fest an die Unterlage.

Mit Kreppklebeband und Pappe deckst du die Bereiche ab, die weiß bleiben sollen.

3. Und jetzt: sprühen. Am besten beginnst du mit der hellsten Farbe.

4. Etwa einen Tag lang trocknen und dann bügeln.

Schick und fertig!

MAUS–TIPP: Übertrage die Schablone mit Transparentpapier auf eine Pappe und schneide sie aus. Damit kannst du dein Shirt auch bedecken und ein mausiges Muster anfertigen.

WERDE ICH NEUE FREUNDINNEN UND FREUNDE FINDEN?

So ein Schulstart ist ganz schön aufregend, vor allem wenn du die anderen Kinder noch nicht kennst. Aber du wirst an deiner Schule ganz sicher viele Freunde und Freundinnen finden! Dafür gibt es unendlich viele Gelegenheiten.

Schauen wir uns mal an, wie das bei Mia und Ben geklappt hat.

Ben experimentiert zusammen mit anderen Kindern.

Mia hat Glück. Sie geht mit einem Freund aus der Kita in dieselbe Klasse. Das gibt beiden ein vertrautes Gefühl.

Ein Kind kennt niemanden. Ben spricht es an und fragt, ob es mitspielen möchte.

Toben ist zusammen am lustigsten. Da kann jeder mitmachen.

Mias und Bens Lehrer macht mit allen Kennlernspiele.

Jede Woche sitzt ein anderes Kind neben Mia. Und sie teilt immer ihr Pausenbrot.

Im Sport ist Ben jedes Mal mit anderen Kindern in einem Team. So lernt er auch die kennen, mit denen er auf dem Schulhof sonst nicht spielt.

Nach dem Unterricht gehen Ben und Mia in die Betreuung. Dort haben sie viel Zeit zum gemeinsamen Basteln und Spielen.

In der Leseecke chillt Mia. Oft setzen sich andere Kinder einfach zu ihr.

PASS AUF DICH AUF!

Gerade in deinen ersten Tagen an der Schule bist du bestimmt öfter mal ein bisschen nervös. Mit ein paar einfachen Übungen kannst du dich entspannen. Sie dauern alle nur 2 bis 3 Minuten.

Lege dich auf den Rücken. Auf deinem Bauch sitzt dein Lieblings-Kuscheltier. Atme langsam ganz tief ein und wieder aus. Beobachte dabei, wie dein Kuscheltier sich mit der Bauchdecke hebt und senkt.

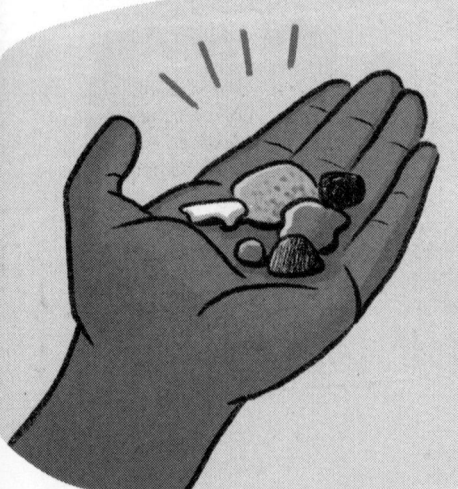

Sammle verschiedene Steine: glatte und raue, große und kleine. Die legst du neben dir ab. Mit geschlossenen Augen nimmst du einen Stein in die Hände. Kannst du erfühlen, welcher von deinen Steinen es ist?

Schau nach oben in den Himmel. Beobachte genau, wie die Wolken weiterziehen. Wenn es regnet, schließe die Augen. Dann atmest du tief ein und riechst das Regenwasser in der Luft. Wo sind die Wolken, wenn du die Augen wieder aufmachst?

Wenn du ein Eis isst, achte mal darauf, was du zuerst wahrnimmst: die Süße, die Kälte, den Kakao? Vielleicht verändern sich der Geschmack und das Gefühl auf der Zunge sogar mit jedem Löffel.

Setz dich draußen auf eine Bank. Mach die Augen zu und lausche. Was kannst du hören? Vögel, Autos, Menschen, Blätter, deinen Atem, ... Versuche, möglichst viele verschiedene Geräusche ausfindig zu machen.

29

WOHNEN LEHRERINNEN UND LEHRER IN DER SCHULE?

Lehrer und Lehrerinnen sind ganz normale Menschen, aber sie haben eine wichtige Aufgabe: Den ganzen Tag stehen sie vor über 20 Kindern und dabei fast immer im Mittelpunkt.

Wie die Maus haben sie auf jede Kinderfrage eine Antwort. Und wenn sie mal etwas nicht wissen, finden sie es bis zur nächsten Unterrichtsstunde heraus. Zu ihrer Arbeit gehört nicht nur die Zeit im Klassenraum, sondern auch die Vorbereitung des Unterrichts, die Organisation von Festen, Gespräche mit Kolleginnen und Kollegen, ein offenes Ohr für die Eltern und vieles mehr.

Obwohl Lehrerinnen und Lehrer ihre Arbeit wirklich lieben, brauchen sie auch freie Zeit – außerhalb der Schule. Wie du gehen sie am Nachmittag nach Hause. Dann machen sie das, was alle Erwachsenen so tun: Freunde und Freundinnen treffen, Ausflüge unternehmen, Sport treiben, sich um ihre eigenen Kinder kümmern ...

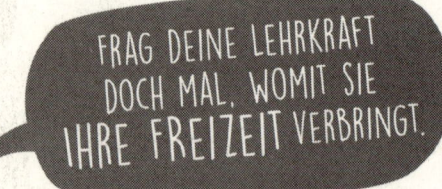

FRAG DEINE LEHRKRAFT DOCH MAL, WOMIT SIE IHRE FREIZEIT VERBRINGT.

An einer Universität, einer Art Schule für Erwachsene, lernen zukünftige Lehrerinnen und Lehrer alles, was sie für ihren Job brauchen. Sie studieren.

DAS VERGESSENE PAUSENBROT

Das passiert schnell: Die halbvolle Brotdose von Montag liegt auch am Freitag noch ganz unten in der Schultasche. Was kannst du sehen und riechen, wenn du sie aufklappst? Je nach Wetter ist das ganz unterschiedlich. Wenn es kühl war, ist wahrscheinlich alles noch erträglich. Nach einer warmen Woche könntest du vor Gestank vielleicht umfallen.

PROBIER'S AUS!

> WAS HAST DU AM LIEBSTEN IN DEINER BROTDOSE FÜR DIE PAUSE?

DU BRAUCHST DAFÜR:

- 2 Scheiben frisches Brot

- etwas Wasser

- 2 durchsichtige verschließbare Behälter, z. B. Plastiktüten oder alte Schraubgläser

SO MACHST DU ES:

1. Träufle etwas Wasser über die Brotscheiben.

2. Lege in jeden Behälter eine Brotscheibe und verschließe sie gut.

 3. Stelle einen Behälter an einen warmen Ort, z. B. in die Nähe der Heizung, und einen in den Kühlschrank.

 4. Beobachte beide Behälter mehrere Tage lang.

Wer Reste aus der Brotdose mit jemandem teilt, hat nichts mehr drin, das vergammeln kann.

Was ist passiert?

Ziemlich sicher sind auf einem der beiden Brote Haare gewachsen – und zwar auf dem, das im Warmen stand. Diese Haare gehören zu einem Schimmelpilz. Der wächst besonders gut, wenn es warm und feucht ist. Doch wie ist er in das Glas gekommen? Pilze vermehren sich über Sporen, die für uns unsichtbar durch die Luft fliegen. Sie waren also auch auf dem Brot, bevor es zum Untersuchungsobjekt wurde. Übrigens: Schimmel ist giftig! Deshalb solltest du niemals in ein angegammeltes Brot beißen.

SEIT WANN GEHEN KINDER ZUR SCHULE?

Vor Tausenden Jahren gingen Kinder gar nicht zur Schule. Die Menschen zeigten und erzählten einander einfach, was wichtig ist: zum Beispiel, wie man Werkzeug herstellt oder jagen geht.

2100 V. CHR.

Erst als die Menschen anfingen, Sachen aufzuschreiben, entstanden Schulen. Das war bei den Sumerern im heutigen Irak und bei den Menschen im alten Ägypten ungefähr zur selben Zeit.

17. JAHRHUNDERT

Die Schule, wie wir sie heute kennen, hat erst viel später Johann Amos Comenius entwickelt. Er forderte, dass alle Kinder in die Schule gehen dürfen. Es dauerte danach aber noch viele Jahrzehnte, bis seine Ideen umgesetzt wurden.

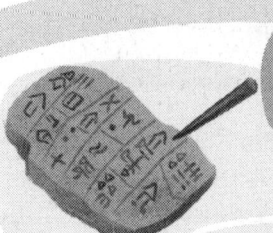

Tontafel mit
Schriftzeichen
der Sumerer

Bei dem Volk der
Sumerer hießen
Schulen „Tafelhäuser".
Dort lernten Jungen
aus wohlhabenden
Familien Lesen und
Schreiben. Sie ritz-
ten Schriftzeichen in
Tontafeln.

Tonscherbe mit
Hieroglyphen aus
dem alten Ägypten

Die Schulen im alten
Ägypten waren auch
nur für reiche Jungen.
Sie lernten Hieroglyphen
und schrieben auf Ton-
scherben.

HEUTE

Bei uns gehen Kinder erst in die Grundschule und
dann auf eine weiterführende Schule. Dort machen
sie ihren Schulabschluss.

DIE SONNE ALS UHR

Die Sumerer und die Kinder im alten Ägypten hatten noch keine Armbanduhren, um pünktlich zum Unterricht zu kommen. Stattdessen orientierten sie sich am Stand der Sonne. Sie haben sogar eine Sonnenuhr entwickelt. Du kannst dir auch eine bauen.

• Sonnenschein

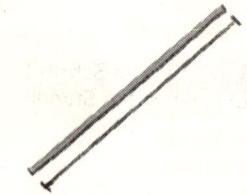

• 1 etwa 1 Meter langen Stab

• mehrere Steine oder 1 Stück Kreide

• 1 Uhr

SO MACHST DU ES:

1. Morgens zur vollen Stunde, zum Beispiel um 9 Uhr: Stecke den Stab an einem sonnigem Platz in die Erde.

2. Der Stab wirft jetzt einen Schatten. Lege einen Stein an das Ende des Schattens oder mach ein Kreuz mit Kreide an dieser Stelle. Dann schreibe die Uhrzeit daneben.

3. Wiederhole Schritt 2 zu jeder vollen Stunde.

4. Am Abend ist deine Sonnenuhr fertig. Was fällt dir auf?

Was ist passiert?

Der Schatten ist nie an derselben Stelle. Er verändert sich mit der Uhrzeit. Morgens und abends ist er am längsten, mittags am kürzesten. Auch die Richtung, in die der Schatten fällt, ist mit jeder Stunde eine andere. Das liegt daran, dass die Erde sich im Tagesverlauf einmal um sich selbst dreht, die Sonne aber immer an derselben Stelle bleibt.

WORUM GEHT ES IM UNTERRICHT?

Auf deinem Stundenplan stehen viele verschiedene Fächer. Die meisten Fächer unterrichtet deine Klassenlehrerin oder dein Klassenlehrer. Es geht dabei nicht immer nur ums Lernen und Üben. Viel Zeit verbringt ihr auch mit gemeinsamem Spielen und Lachen.

In **Deutsch** lernst du Lesen und Schreiben.

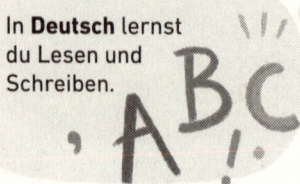

In **Mathe** dreht sich alles ums Rechnen.

Im **Englisch-Unterricht** sprichst und singst du in einer Fremdsprache: Englisch.

Der **Sachunterricht** heißt auch Sachkunde. Dabei geht es um die Natur, den Menschen und alles, was dazu gehört.

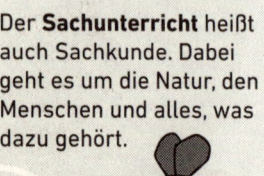

Beim **Sportunterricht** kannst du dich mit Spielen und Bewegung austoben.

In **Musik** lernst du Instrumente kennen und singst.

Kunst ist das Fach, in dem du malst und bastelst.

In **Religion** sprecht ihr über Gott.

Bei **Ethik** oder **Philosophie** denkt ihr gemeinsam über wichtige Fragen nach, zum Beispiel: Sind Menschen auch Tiere? Oder: Was bedeutet Freundschaft?

IN ANDEREN LÄNDERN GIBT ES NOCH ANDERE FÄCHER:

In Australien steht an einigen Schulen Surf-Unterricht auf dem Stundenplan.

In Neuseeland heißt ein Fach „Maori". Maori sind die Menschen, die schon seit Jahrhunderten in Neuseeland leben. Ihre Sprache, Kultur und Bräuche werden im Unterricht auch an Nicht-Maori vermittelt.

Viele Kinder lernen in den USA schon in der Grundschule das Programmieren von Robotern und den Umgang mit Computern.

Auf welches Fach freust du dich am meisten? Und hast du vielleicht eine gute Idee für ein neues Unterrichtsfach?

ANTI-LANGEWEILE-SPIELE

Draußen regnet es in Strömen und ihr könnt nicht raus auf den Schulhof? Damit keine Langeweile aufkommt, kriegst du hier ein paar Spiele-Tipps für die Regenpause.

SCHATZSUCHE

Du setzt dich mit anderen um einen Tisch und alle verstecken ihre Hände unter der Tischplatte.

Ein Kind hat eine Münze oder einen flachen Stein in der Hand. Das ist euer Schatz.

Jetzt müsst ihr nur noch ein Kind bestimmen, das den Schatzsucher spielt und die Hände auf den Tisch legt.

Dann kann es losgehen: Ihr gebt euren Schatz möglichst unauffällig weiter. Richtungswechsel sind auch erlaubt.

Wenn das Schatzsucher-Kind „Stopp!" ruft, müssen alle ihre Hände flach auf den Tisch legen. Wer gerade die Münze hat, muss sie gut verstecken.

Der Schatzsucher rät, wer den Schatz in welcher Hand hält. Danach wechselt ihr die Rollen.

WORTSCHLANGE

Du brauchst mindestens ein anderes Kind zum Mitspielen.

Einer von euch fängt an und sagt ein Wort, zum Beispiel „Schule".

Das andere Kind muss nun ein Wort mit dem letzten Buchstaben finden, also mit e. Vielleicht sagt es „Elefant".

Dann geht es weiter: „toll" – „lustig" – „Glück" – ... das könnt ihr bis zum Ende der Pause weiterspielen.

ICH SEH' GANZ VIEL!

Das Spiel geht zu zweit oder mit einer Gruppe.

Ein Kind fragt nach allem, was eine bestimmte Farbe hat, zum Beispiel: Mausorange.

Die anderen zählen alle orangefarbenen Dinge auf, die sie sehen.

Wer die meisten Dinge findet, darf die nächste Farbe bestimmen.

41

SCHULHOFSPIELE

Auf vielen Schulhöfen gibt es Spielgeräte,
Klettergerüste, Hüpfmuster und vieles mehr.
Es geht aber auch ganz ohne Hilfsmittel.
Wie? Dafür gibt es hier ein paar Vorschläge.

SCHATTENFANGEN

Statt wie beim normalen
Fangenspielen ein anderes
Kind anzutippen, musst du
hier auf seinen Schatten
treten. Wer gefangen wur-
de, wird zum Fänger.

TIERLAUF

Ihr seid bei diesem Spiel
Tiere im Zoo.

Ein Kind fängt an und entscheidet,
welches Tier dran ist. Dann bewegen sich alle passend dazu. Wird
zum Beispiel ein Vogel gewählt,
flattern alle mit den Armen, als
wären es Flügel. Danach gibt das
nächste Kind ein Tier vor.

Extra-Tipp: Wenn ihr dazu auch
noch Geräusche macht, wird es
doppelt lustig!

VERREISEN

Mit zwei oder mehr Kindern funktioniert dieses Spiel.

Ein Kind ist der Reiseleiter. Die anderen sind die Urlauber.

Die Urlauber stellen sich nebeneinander in einer Reihe auf und rufen zum Reiseleiter: „Reiseleiter, Reiseleiter, wie weit darf ich reisen?"

Das Reiseleiter-Kind ruft ihnen eine Antwort zu, zum Beispiel 5 Minischritte oder 3 Sprünge auf einem Bein. Die Urlauber machen die Bewegung. Wer zuerst beim Reiseleiter ist, tauscht mit ihm die Rolle.

KLATSCHSPIEL

Beim Klatschspiel „Boom, Snap, Clap" stehst du einem anderen Kind gegenüber. Ihr macht beide genau dasselbe mit der rechten Hand:

Bei „Boom": Die flache Hand ans Herz legen.

Bei „Snap": Schnipsen.

Bei „Clap": Deine Hand in der Mitte mit der Hand des anderen Kindes abklatschen.

Ihr fangt langsam an und werdet immer schneller. Probiert es auch mal mit der linken Hand. Und wie klappt es, wenn ihr beide Hände nehmt?

Der Text zum Klatschspiel ist einfach:
Boom, Snap, Clap.
Boom, Boom, Snap, Clap, Snap.

WER BESTIMMT, WAS ICH LERNE?

In deinem Stundenplan steht, wann du bei wem Unterricht hast, wann Pausen anstehen und um welche Uhrzeit die Schule zu Ende ist. Danach stehen oft Hausaufgaben oder Arbeit am Wochenplan auf dem Programm – in der Nachmittagsbetreuung oder zu Hause.

Die Zeiten für die Stundenpläne legen oft mehrere Leute fest. Sie haben einen großen Plan an der Wand oder im Computer, mit dem sie den Überblick behalten. Ganz schön knifflig, alle Lehrerinnen, Lehrer, Fächer und Kinder unter einen Hut zu bringen! Zum Glück bekommst du von all dem nichts mit und kannst dir deine Zeit am Nachmittag frei einteilen!

So kann dein Stunden-
plan aussehen.

ERSTE BUCHSTABEN UND ZAHLEN

Du kannst es bestimmt kaum abwarten, bis du die ersten Buchstaben und Zahlen in der Schule lernst. Bis es so weit ist, kannst du schon mal die von dieser Seite hier abpausen oder kopieren und bunt anmalen.

WAS GIBT ES IM KLASSENRAUM?

Jedes Klassenzimmer sieht anders aus. Aber manche Dinge gibt es eigentlich überall. Schau dich um. Findest du alles, was es auch in deiner Klasse gibt?

Regal
Auch Bücher und Spielzeug gibt es im Klassenraum. Die kannst du dir in den Pausen ausleihen.

Pausen-Ecke
Viele Klassenräume haben eine Ecke, in der du es dir in Pausen gemütlich machen kannst – allein oder mit anderen zusammen.

Lernplakate
Je nachdem, was ihr gerade im Unterricht macht, hängt die Lehrkraft Plakate auf. Sie helfen dabei, sich an das Wichtigste zu erinnern.

Tafel mit Kreide

Auf die Tafeln schreiben Lehrkräfte und Kinder das, was alle sehen sollen. In einigen Klassen gibt es statt der klassischen Tafel ein digitales Whiteboard, das mit einem Computer verbunden ist.

Uhr

Auf der Uhr siehst du, wie spät es ist. Du lernst in der Schule, wie man sie liest.

Waschbecken

Am Waschbecken waschen sich nicht nur alle die Hände. Dort holst du auch Wasser, wenn ihr zum Beispiel malt oder den Tisch abwischt.

Lehrertisch mit Stuhl

Deine Lehrkraft hat einen eigenen Tisch. Daran sitzt sie, wenn ihr alleine arbeitet.

Klassenbuch

Im Klassenbuch stehen die Namen aller Kinder. Die Lehrkraft schreibt darin auf, wenn ein Kind fehlt und welches Thema ihr im Unterricht behandelt habt.

Tische und Stühle

An solchen Tischen sitzen alle Kinder. An der Seite ist ein Haken. Dort kannst du deine Schultasche aufhängen. Unter dem Tisch ist eine kleine Ablage.

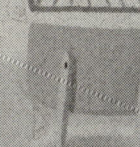

UMWELTFREUNDLICHE BUCHHÜLLE

In der Schule braucht man viele Bücher, Arbeitshefte und Mappen. Damit sie möglichst lange halten, kannst du sie einschlagen. Dafür gibt es Folien. Aber es geht auch umweltfreundlicher. Alles, was du brauchst, ist ein ausreichend großer Bogen Papier, zum Beispiel altes Geschenkpapier, eine zerknitterte Papiertüte oder ein abgelaufener Kalender.

SO GEHT'S:

1. Das Buch in die Mitte des Papiers legen.

2. Buch zur Seite legen und untere lange Seite ungefähr bis dort knicken, wo die Unterseite des Buchs war.

3. Buch auf die gefaltete Kante legen. Papier gegen die obere Buchkante drücken und dann das Buch wieder zur Seite legen. An der angeknickten Stelle auch die obere Seite umfalten.

4. Blatt drehen und eine kurze Seite umknicken.

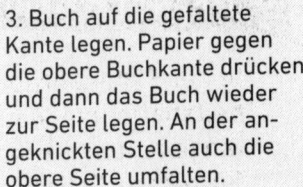

5. Buch einschieben.

6. Jetzt die offene Seite gegen das Buch legen und so abmessen, wo die andere kurze Seite gefaltet wird.

7. Dort den anderen Buchrücken einstecken. Dafür brauchst du ein bisschen Geduld.

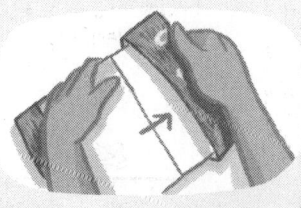

FERTIG IST DEINE UMWELTFREUNDLICHE BUCHHÜLLE!

WORAUS BESTEHT KREIDE?

In diesem Bergwerk wird ganz besonderes Gestein abgebaut: Calciumsulfat. In der Steinmühle wird es zu Brocken zerkleinert, die sich transportieren lassen.

Die Brocken werden gebrannt, dadurch getrocknet und anschließend zu sehr feinem Pulver gemahlen.

In einem riesigen Topf verrührt eine Art Quirl das weiße Pulver mit Wasser, bis keine Klumpen mehr drin sind.

Die weiße Flüssigkeit kommt in längliche Formen. Dort trocknet sie und wird wieder fest.

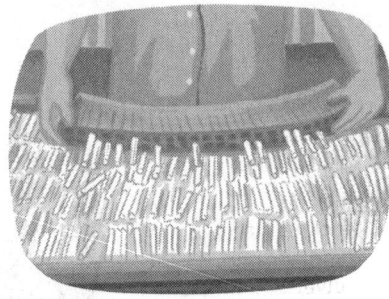

Noch einmal in den Trockenofen und dann ist aus Calciumsulfat weiße Schulkreide geworden.

Beim Schreiben verliert Kreide winzig kleine Teilchen, die an der Tafel kleben bleiben.

MAUS-TIPP: Kreide kann an der Tafel unangenehm quietschen, weil sie ganz leicht in Schwingung gerät. Wenn du sie durchbrichst, schwingt sie in einer Tonhöhe, die unsere Ohren nicht hören. Fieses Geräusch abgestellt!

KREIDE ZUM SPRÜHEN

Wenn du mit normaler Kreide malst oder schreibst, ist die Farbe sofort zu sehen. Bei Sprühkreide ist das anders. Sie besteht nicht aus Pulver, ist flüssig und wird erst nach dem Trocknen sichtbar. Eine tolle Nachmittags-Aktion mit neuen Schulfreundinnen und -freunden.

DU BRAUCHST DAFÜR:

- 2 EL Mehl
- 120 ml sehr warmes Wasser
- 10 Tropfen Lebensmittelfarbe
- 1 hohe Schüssel
- 1 Sprühflasche
- ggf. 1 Pürierstab

SO MACHST DU ES:

1. Du gibst alle Zutaten in die Schüssel.

2. Verrühre alles. Am schnellsten geht es mit einem Pürierstab. Du kannst aber auch einen Schneebesen, eine Gabel oder die Hände dafür benutzen.

3. Fülle die fertige Flüssigkeit in eine Sprühflasche und schraube sie zu.

4. Für jede Farbe brauchst du eine eigene Sprühflasche. Stell immer nur so viel Sprühkreide her, wie du brauchst. Da sie aus Mehl ist, wird sie nach einiger Zeit schlecht.

UND WAS MALST DU MIT DEINER SPRÜHKREIDE?

MAUS-TIPP: Vor dem Benutzen die Flasche noch mal kräftig schütteln. Wenn nichts mehr herauskommt, musst du die verstopfte Düse einmal reinigen.

WIE VIELE KINDER GEHEN IN DIE KLEINSTE KLASSE DEUTSCHLANDS?

Vor allem auf dem Land gehen oft nur wenige Kinder in eine Klasse, weil die Menschen viel weiter auseinander wohnen als in der Stadt. An einigen Schulen bekommen Schülerinnen und Schüler sogar von der ersten bis zur sechsten Klasse zusammen Unterricht.

Die allerkleinsten Schulen befinden sich auf Inseln in der Nordsee. Dort lernen nur die Kinder, die auch auf der Insel leben. Es ist nämlich schwierig – bei stürmischem Wetter sogar unmöglich –, von dort auf eine andere Insel oder aufs Festland zu kommen. Die Fahrt würde außerdem sehr lange dauern. In viele Klassen gehen dort deshalb nur fünf bis zehn Kinder.

In den meisten anderen Schulen in Deutschland gibt es jedoch mehrere Klassen und in jeder Klasse lernen 22–32 Kinder gemeinsam.

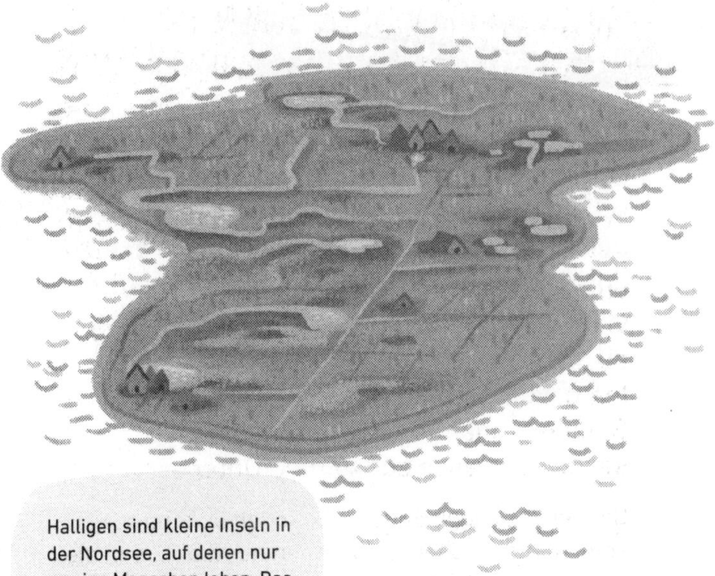

Halligen sind kleine Inseln in der Nordsee, auf denen nur wenige Menschen leben. Das hier ist Hallig Hooge.

2020 wurde die kleinste Schule Deutschlands auf der Insel Neuwerk geschlossen. Aber sobald es wieder Schulkinder auf der Insel gibt, öffnet sie – und sei es nur für ein einzelnes Kind.

In die größte Schule in Indien gehen über 50.000 Schüler und Schülerinnen!

IN BEWEGUNG BEIM LERNEN

Statt im Klassenraum die ganze Zeit still auf dem Stuhl zu sitzen, könntest du dich zwischendurch auch mal ein bisschen bewegen. Der Vorteil: Du pumpst frische Luft in deinen Körper und kannst dich dadurch besser konzentrieren. Frag deine Lehrerin oder den Lehrer vorher, ob das okay ist. Vielleicht dürfen sogar alle anderen auch mitmachen?!

RÜCKEN DEHNEN

Halte dich an der Tischkante fest. Mach den Rücken ganz rund und drücke danach die Brust raus. Fünfmal wechseln.

ARMMUSKELN TRAINIEREN

Aus deinen Schulsachen können Sportgeräte werden. Einfach in jede Hand eine nehmen, zum Beispiel dein Mäppchen, und Arme ausstrecken. Jetzt zehnmal die Arme abwechselnd anwinkeln.

SCHULTERN KREISEN

Zieh die Schultern zu den Ohren und kreise sie dann fünfmal nach hinten. Danach wechselst du die Richtung und kreist sie fünfmal nach vorne. Schön locker bleiben dabei!

HÄNDE AUFLOCKERN

Wenn du kleine Papierkügelchen rollst, hochwirfst und auffängst, entspannen sich deine Handgelenke. Besonders praktisch, wenn du lange geschrieben oder gemalt hast.

HÜFTE ENTSPANNEN

Strecke deine Arme nach vorn oder lege sie auf dem Tisch ab. Sie zeigen immer in dieselbe Richtung, nur die Beine drehen sich abwechselnd nach links und rechts. Dreimal wiederholen.

NACKEN LOCKERN

Gegen einen verspannten Nacken hilft es, den Kopf zur Seite zu neigen. Jede Seite ist dreimal dran.

ZUNGENBRECHER

Also, eine Zunge kann natürlich nicht wirklich wie ein Knochen brechen. Aber manche Sätze lassen sich so schwer aussprechen, dass es sich anfühlt, als würde die Zunge brechen oder zumindest einen Knoten bekommen. Wie schlägst du dich bei diesen Sätzen hier? Probiere es auch mal mit deinen Freundinnen und Freunden – wer verhaspelt sich zuerst?

KLEINE KINDER KÖNNEN KEINE KLEINEN KIRSCHKERNE KNACKEN.

SCHNECKEN ERSCHRECKEN, WENN SIE AN SCHNECKEN SCHLECKEN, DENN ZUM SCHRECKEN VIELER SCHNECKEN: MANCHEN SCHNECKEN SCHMECKEN SCHNECKEN NICHT.

BÜRSTEN MIT SCHWARZEN
BORSTEN BÜRSTEN
BESSER ALS BÜRSTEN
MIT WEISSEN BORSTEN.

DER FROSCHFORSCHENDE
FROSCHFORSCHER FORSCHT
IN DER FROSCHFORSCHENDEN
FROSCHFORSCHUNG.

SPINNENDE SPINNEN SPEISEN
MIT SPORTLICHEN WESPEN
SPINAT–SPAGHETTI.

WENN FLIEGEN HINTER
FLIEGEN FLIEGEN, FLIEGEN
FLIEGEN HINTER FLIEGEN HER.

WAS GEHÖRT IN MEINE SCHULTASCHE?

Du weißt bestimmt genau, was alles in deine Schultasche gehört. Dann such mal:

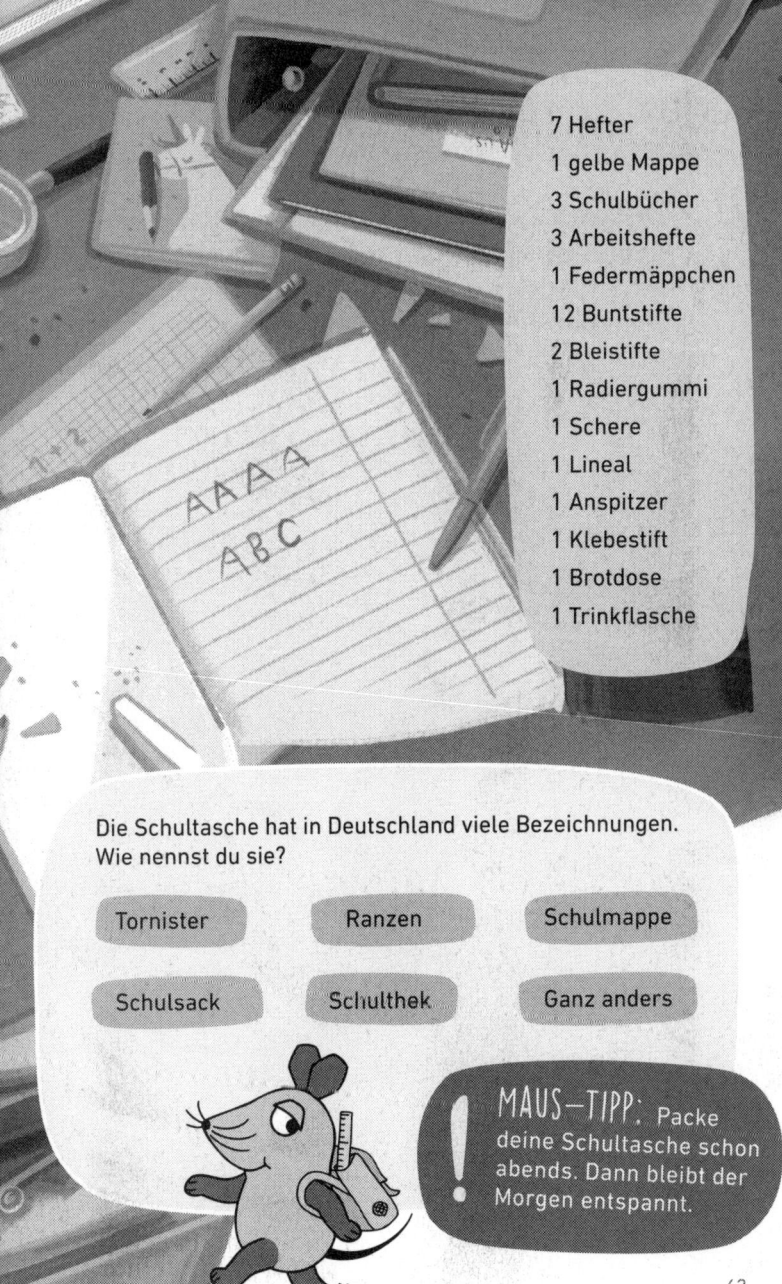

7 Hefter
1 gelbe Mappe
3 Schulbücher
3 Arbeitshefte
1 Federmäppchen
12 Buntstifte
2 Bleistifte
1 Radiergummi
1 Schere
1 Lineal
1 Anspitzer
1 Klebestift
1 Brotdose
1 Trinkflasche

Die Schultasche hat in Deutschland viele Bezeichnungen.
Wie nennst du sie?

Tornister

Ranzen

Schulmappe

Schulsack

Schulthek

Ganz anders

MAUS-TIPP: Packe deine Schultasche schon abends. Dann bleibt der Morgen entspannt.

63

FIT MIT SCHULSACHEN

Mit den Gegenständen in deiner Schultasche kannst du noch mehr machen, als sie hin- und herzutragen und im Unterricht zu benutzen. Hier sind ein paar lustige Ideen:

STIFT–AKROBATIK

Mit einem Stift in der Hand kannst du tolle Kunststücke machen. Allerdings gehört ein bisschen Übung dazu. Kannst du zum Beispiel einen Bleistift nur mit Daumen, Zeige- und Ringfinger um sich selbst drehen? Und wie sicher klappt das mit der anderen Hand?

SCHULTASCHEN-PARCOURS

Verteile Gegenstände aus deiner Schultasche als Hindernisse auf dem Boden. Du legst fest, was bei den einzelnen Sachen zu tun ist, etwa über das Mäppchen springen, um die Schultasche herumrennen, die volle Trinkflasche zehnmal hochheben, ... Macht mit anderen zusammen doppelt Spaß!

HEFTER-SLALOM

Lege deine Hefter in einer Reihe hintereinander. Lass dazwischen mindestens eine Fußlänge Platz. Laufe dann im Zickzack um sie herum. Kein Hefter darf verrutschen! Wie schnell bist du? Schaffst du es beim nächsten Mal noch schneller?

WIE FUNKTIONIERT EIN RADIERGUMMI?

Schon vor ungefähr 250 Jahren bemerkten die Menschen, dass das Material Kautschuk Geschriebenes vom Papier löscht. Der Radiergummi war erfunden!

Das Wort „radieren" kommt aus der lateinischen Sprache („radere") und bedeutet so viel wie „kratzen" oder „schaben". Und genau das machst du, wenn du ihn benutzt. Dabei nimmt der Radierer die Farbe von Bleistift oder Buntstift auf. Gleichzeitig werden vom Gummi kleine Röllchen abgerubbelt, wodurch er mit der Zeit auch immer kleiner wird. Die Röllchen kannst du wegwischen und die radierte Stelle einfach überschreiben.

MAUS–INFO: Heute sind viele Radiergummis aus Kunststoff.

Hier wird ein Kautschukbaum oder Gummibaum gemolken. Seine Rinde wird eingeritzt, die Milch fließt heraus und wird aufgefangen. Daraus kann dann Naturkautschuk hergestellt werden.

Radiergummis (auch Ratzefummel genannt) gibt es in allen möglichen Formen und Farben! Welchen magst du am liebsten? Und hast du eine lustige Idee für einen neuen Namen?

WEGRADIERT!

Findest du die sechs Stellen, an denen etwas wegradiert wurde?

Die Lösung findest du auf Seite 79.

DIY*-PAPIER FÜR KRATZBILDER

Bei Kratzbildern weißt du nie so genau, welches Muster unter der schwarzen Schicht zum Vorschein kommt. Wenn du das Papier dafür selbst herstellst, kannst du bestimmen, wie es aussehen soll.

DU BRAUCHST DAFÜR:

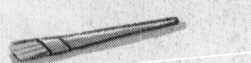

• 1 Pinsel

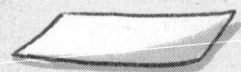

• 1 weißes Blatt Papier

• bunte Wachsmalstifte

• schwarze Acryl-Farbe

• 1 Kratzer, zum Beispiel Schaschlikspieß

SO MACHST DU ES:

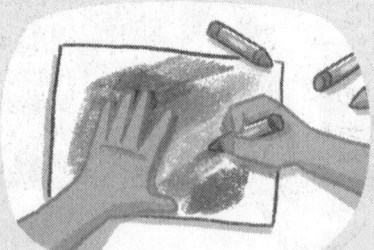

1. Male dein Lieblingsmuster mit den Wachsmalern auf das Papier. Es muss eine richtig dicke Farbschicht entstehen.

2. Über die bunte Farbschicht kommt nun die Acrylfarbe.

3. Lass die Farbe trocknen, am besten über Nacht.

4. Mit deinem Kratzer kannst du dann bunte Muster in dein Bild malen. Bist du mit dem Ergebnis zufrieden?

MAUS—TIPP: Schneide das Papier vorher in eine Form. Dann kommt dein Muster besonders gut zur Geltung!

*DIY = Do it yourself
(auf Deutsch: Mach es selbst)

WIRD IN DER SCHULE NUR GELERNT?

Lernen ist natürlich super-wichtig. Aber es passieren auch ganz viele andere Dinge!

Mia und Ben haben ein Fotoalbum von ihrem ersten Schuljahr gebastelt. Sie staunen selbst, wie viele Sachen sie zusammen erlebt haben.

Beim Sommerfest hat die 2b ein Lied gesungen. Wir haben Fangen gespielt und alle Eltern waren da.

Unser Lieblingsfest: Weihnachten. Mia hat Lebkuchen mitgebracht und unsere Lehrerin leckeren Kinderpunsch. Wir haben zusammen gesungen und gespielt.

Mia ist dieses Jahr zu Karneval als Astronautin gegangen und Ben als Skelett. Wir haben den ganzen Tag nur Süßigkeiten gegessen und hatten abends ein bisschen Bauchschmerzen.

ZUSAMMEN VERÄNDERN WIR!

LILLY & LIAM

Dieses Jahr waren wir an unserem Wandertag im Wald.

Unsere Klassenvertretung sind Lilly und Liam. Sie haben das letztes Jahr richtig gut gemacht. Deshalb haben alle wieder für sie gestimmt.

71

GESUNDE PARTY-SNACKS

An den meisten Schulen ist es üblich, dass jedes Kind etwas zu Feiern mitbringt. Damit es nicht immer nur Würstchen und Kuchen gibt, findest du hier ein paar Rezeptideen.

LIEBLINGS-WRAP

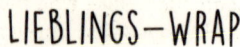

• Tortillas

• deine Lieblings-Zutaten

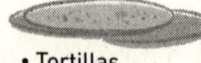

• Blaubeeren oder Mini-Tomaten für die Kulleraugen

• 1 Messer

• 1 Brettchen

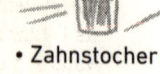

• Zahnstocher

Bestreiche und belege die Tortillas, wie du es magst. Zum Beispiel herzhaft mit Frischkäse bestrichen, darauf Mais, Ananas und Schinken. Oder süß mit Quark und Marmelade. Nach dem Belegen die Tortillas zusammenrollen, in Scheiben schneiden und die aufgespießten Tomaten oder Blaubeeren als Augen reinstecken. Ein echt leckerer Hingucker!

GEMÜSE-ZUG

- verschieden farbige Paprika
- 1 Gurke
- 3 Möhren
- 10 kleine Tomaten

• 1 Messer
• 1 Brettchen

- mehrere Zahnstocher
- Kräuterquark oder anderen Dip

Die Paprikaschoten oben so abschneiden, dass eine möglichst große Öffnung entsteht. Das Kerngehäuse vorsichtig herauslösen. Abgeschnittene Paprikahälften, Gurken und Möhren zu Gemüsesticks kleinschnibbeln.
Mit Zahnstochern Gurkenscheiben als Räder anbringen. Waggons befüllen. Genießen!

SCHOKO-FRUCHTSPIEßE

- verschiedene Obstsorten

• Schoko-Stangen

• 1 Messer
• 1 Brettchen

Schneide das Obst in mundgerechte Stücke und spieße sie vorsichtig auf die Schoko-Stangen. Fertig!

HABEN KINDER AUF DER GANZEN WELT FERIEN?

Alle Kinder, die in die Schule gehen, haben auch Ferien. Nur dauern sie in allen Ländern unterschiedlich lang.

Bei uns sind es mehrere kurze im Herbst, zum Jahreswechsel und im Frühling. Die Sommerferien sind am längsten und dauern meist sechseinhalb Wochen. Je nach Bundesland beginnen sie schon im Juni oder erst im August. Dadurch soll verhindert werden, dass alle Familien mit Schulkindern gleichzeitig in den Urlaub fahren und dann auf dem Weg im Stau stehen oder in überfüllten Zügen sitzen.

In anderen Ländern haben jedoch alle Kinder gleichzeitig Ferien, zum Beispiel in Schweden. Dort sind alle Schulen mehr als zwei Monate lang geschlossen! In Japan bleiben die Schulen im Sommer nur für fünf Wochen zu. Und in Bulgarien dürfen Grundschulkinder sich länger erholen als ältere Schülerinnen und Schüler.

20 DINGE, MIT DENEN DIE FERIEN NOCH MEHR SPAß MACHEN:

1. Eine Sandburg bauen

2. Auf einem Grashalm musizieren

3. Einen Stein lustig anmalen

4. Irgendwo mit den Füßen ins Wasser gehen

5. Ein Stockmännchen schnitzen

6. Eine Schlammschlacht veranstalten

7. Pflanzen trocknen

8. Eine Fahrradtour machen

9. Einen Bauernhof besuchen

10. Eine Nachtwanderung überstehen

11. Papierflieger fliegen lassen

12. Am Lagerfeuer Stockbrot essen

13. Auf Foto-Safari gehen

14. Eine neue Sportart ausprobieren

15. Einen Geocache suchen

16. Die Sonne untergehen sehen

17. Für andere einen Schatz verstecken

18. Eis essen

19. Einen extralangen Film gucken

20. Laute Musik anmachen und tanzen

Vielleicht hast du Lust, dir auch so eine Liste für deine Ferien auszudenken?

WELCHE SACHEN MACHST DU IN DEN FERIEN AM LIEBSTEN?

SCHERZFRAGEN

WELCHES TIER KANN AM SCHNELLSTEN ESSEN?

Der Hase, denn er hat zwei Löffel.

WAS IST WEIß UND GEHT DEN BERG HOCH?

Eine Lawine mit Heimweh.

WAS GEHT HOCH UND RUNTER, BLEIBT ABER IMMER AUF DER STELLE.

Die Treppe.

WO MACHT EIN SKELETT URLAUB?

Am Toten Meer.

Tipp: Mit einem Spiegel kannst du die Lösungen lesen

Lösung S. 67:

Die erstaunlichsten Fragen an die Maus

Sabine Dahm

Mit Illustrationen von
Antje von Stemm

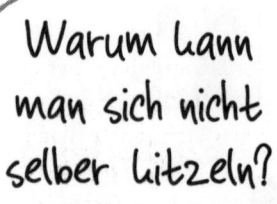

Warum kann man sich nicht selber kitzeln?

Habt ihr auch manchmal Spaß daran, euch gegenseitig durchzukitzeln, rumzukichern und dann laut zu kreischen? Ab und zu ist man danach richtig außer Puste, aber mit Sicherheit auch gut gelaunt. Da wäre es doch praktisch, wenn ihr euch bei schlechter Laune einfach selber kitzeln könntet. Aber jeder, der schon einmal versucht hat, sich selbst zu kitzeln, weiß, dass das nicht geht. Egal, ob ihr euch an den Füßen, unter den Achseln oder zwischen den Rippen kitzelt, ihr müsst einfach nicht lachen. Auch wenn ihr euch noch so viel Mühe gebt oder es mit irgendwelchen Tricks versucht. Aber warum ist das so?

Berührt uns überraschend ein anderer Mensch, streift uns eine Fluse zufällig am Arm oder werden wir mit einem Grashalm berührt, kitzelt es. Die Nerven in der Haut nehmen die fremde Berührung wahr und melden sie an unser Gehirn. Das überraschte Gehirn reagiert auf den **Berührungsreiz** und ordnet ihn blitzschnell ein. Wir fangen an zu lachen und unsere Muskeln zucken zusammen. So kann zum Beispiel eine Fluse oder ein lästiges Insekt schnell wieder von der Haut abgeschüttelt werden. Wenn wir richtig durchgekitzelt werden, fangen wir sogar an zu kreischen. Forscher haben herausgefunden, dass dies ein angeborener **Reflex** ist, also eine automatische Reaktion unseres Körpers, die wir nicht steuern können.

Versuchen wir aber, uns selbst zu kitzeln, fehlt etwas ganz Wichtiges: der Überraschungseffekt.

Tatsächlich ist das Sich-selbst-Kitzeln nämlich eine geplante Aktion: Als Erstes fällt die Entscheidung im Gehirn, sich zum Beispiel selber unter den Füßen zu kitzeln. Daraufhin sendet das Hirn über die **Nerven** den Befehl an die Finger. Während sich die Finger jetzt den Fußsohlen nähern, berechnet das Gehirn den Zeitpunkt der Berührung und dämpft alle Signale, die von den Fußsohlen einen Kitzelreiz melden, ab. So kommt die Meldung nur ganz schwach oder unbewusst in unserem Gehirn an.

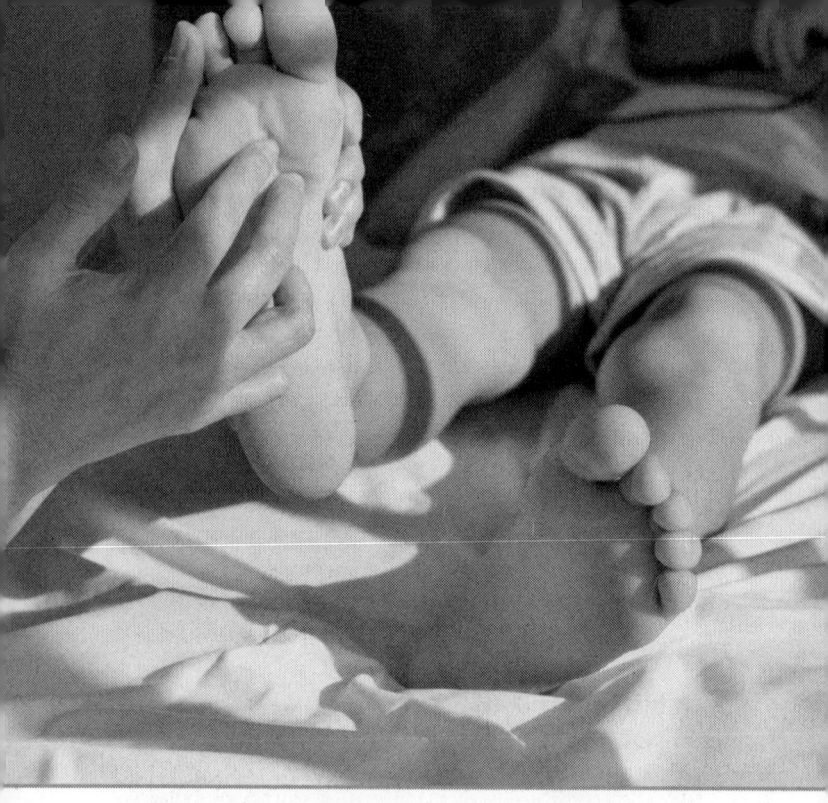

Am Hals, in der Kniekehle oder an den Füßen – wo seid ihr so richtig kitzelig?

Dieser Mechanismus ist wichtig, damit unser Gehirn nicht überfordert wird und in Bruchteilen von Sekunden auf alle wichtigen Reize reagieren kann. Ununterbrochen strömen viele verschiedene Reize auf unsere Sinne ein, die verarbeitet werden müssen. Wir hören und sehen ständig etwas Neues und berühren bei fast all unseren Aktionen und Bewegungen verschiedene Gegenstände. Unser Gehirn muss also pausenlos entscheiden, wie es mit den Reizen von außen umgeht.

Also entscheidet das Gehirn, dass Selberkitzeln nicht wichtig ist?

Ja, weil es so viele Reize von außen gibt, werden Reize, die vom eigenen Körper ausgehen, als unwichtig eingestuft – egal, ob wir uns selber kitzeln, die Beine übereinanderschlagen oder uns irgendwie zufällig berühren. Dem Gehirn ist einfach klar, dass von diesen Reizen keine Gefahr ausgeht. So ähnlich ist es auch mit Berührungsreizen, die unser Gehirn aus dem Alltag kennt. Wir sind weder kitzelig, wenn unsere Kleidung am Körper entlangstreift, noch wenn wir nachts unter der Decke liegen. Diese Art der Berührung kennt der Körper, das Gehirn stuft sie als unbedenklich ein und es wird keine Energie in eine Abwehr verschwendet.

Mausschlau!

Es gibt auch Tiere, die kitzelig sind. Viele Hunde und Katzen zucken unwillkürlich mit ihren Beinen, wenn ihr sie an der Pfote zwischen den Zehen kitzelt. Werden Schimpansen gekitzelt, erklingt ein keuchendes Geräusch, das die Forscher für eine Art Lachen halten. Die Schimpansin Washoe, die als erstes Tier die amerikanische Gebärdensprache erlernte und bewusst mehrere Hundert Zeichen einsetzte, soll auch das Zeichen für »Kitzel mich« gekonnt haben und ihre Trainer hierzu gezielt aufgefordert haben.

Warum tränen die Augen, wenn man Zwiebeln schneidet?

Gemeinsam zu kochen ist schön und oft lustig. Egal, ob ihr gemeinsam mit eurer Familie oder mit euren Freunden ein Essen vorbereitet, die Aufgaben werden auf alle verteilt, und jeder findet etwas, das ihm Spaß macht. Doch bei der Zwiebel hört der Spaß ganz schnell auf. Da schreit kaum jemand »Ich mach's«! Denn es gibt nur wenige Menschen, denen beim Zwiebelschneiden nicht die Tränen in die Augen steigen und dann über die Wangen laufen. In diesem Moment entsteht häufig ein lebhaftes Gespräch über die besten Zwiebelschneidetricks. Aber Trick hin oder her, viel spannender ist eigentlich die Frage, warum die Augen überhaupt tränen, sobald man Zwiebeln schneidet.

Die Küchenzwiebel stammt aus dem Gebiet des heutigen Afghanistan und wird seit über 5.000 Jahren als Gemüse gegessen und als Gewürz- und Heilpflanze verwendet. Sie ist mit Porree, Schnittlauch und Knoblauch verwandt und gehört zu den **Lauchgewächsen**. In der Küche wird überwiegend die Zwiebel selber verwendet, ihre langen grünen Laubblätter und die grünlich weißen Blüten werden kaum beachtet.

Erst wenn man die Zwiebel anschneidet, steigen einem die Tränen in die Augen.

Solange die Zwiebel auf dem Küchenbrett vor einem liegt, breitet sich lediglich ein leichter Zwiebelgeruch aus. Auch wenn die äußere braune, trockene Schale vorsichtig mit dem Messer abgezogen wird, ist noch alles in Ordnung. Aber sobald ihr mit dem Messer die Zwiebel halbiert und sie in Ringe oder Würfel schneidet, tritt Saft aus der Zwiebel aus. Und kurz darauf muss man auch schon weinen.

Für die tränenden Augen sorgt ein gasförmiger Stoff, der sich erst bildet, wenn die Zwiebel angeschnitten wird.

Dieser Stoff ist für die Zwiebel sehr wichtig, denn er gehört zu dem ausgeklügelten Abwehrsystem der Pflanze gegen Fressfeinde. Zwiebeln bestehen, wie alle Pflanzen, aus vielen kleinen Bausteinen, den **Zellen**. Jede Zelle grenzt sich von der nächsten durch eine **Zellwand** ab. Wenn die Zwiebel klein geschnitten wird, zerstört das Messer die Zellwände, und der Zwiebelsaft kann austreten. Das Besondere hieran ist, dass jetzt zwei Stoffe miteinander in Berührung kommen, die vorher durch die Zellwand getrennt waren. In der äußeren Zellschicht ist der geruchlose Stoff **Alliin** eingeschlossen, der Schwefel enthält. Im Zellinneren gibt es eine Substanz, die **Alliinase** heißt und wie eine chemische Schere arbeitet. Wenn diese beiden Stoffe aufeinandertreffen, spaltet die Alliinase das Alliin so, dass es an der Luft als Gas aufsteigt. Dieser Stoff reizt die Augenschleimhäute sehr stark, und die Tränendrüsen setzen die Tränenflüssigkeit frei, um die reizenden Stoffe wegzuschwemmen.

Welchen Nutzen hat die Zwiebel denn von diesem Stoff?

Genau dieser Tränen auslösende Stoff ist eine geniale Waffe der Zwiebel gegen Fressfeinde. Wenn Mäuse oder Ratten in die Zwiebel beißen, merken sie sehr schnell, wie unangenehm das für sie wird, und lassen alle anderen Zwiebeln in der Nachbarschaft unberührt. Dies wiederum nutzen manchmal sogar Gärtner aus. Sie setzen Zwiebeln und Knoblauch, der den gleichen Abwehrtrick hat, zwischen die Blumenreihen und hoffen, so die Mäuse zu vertreiben.

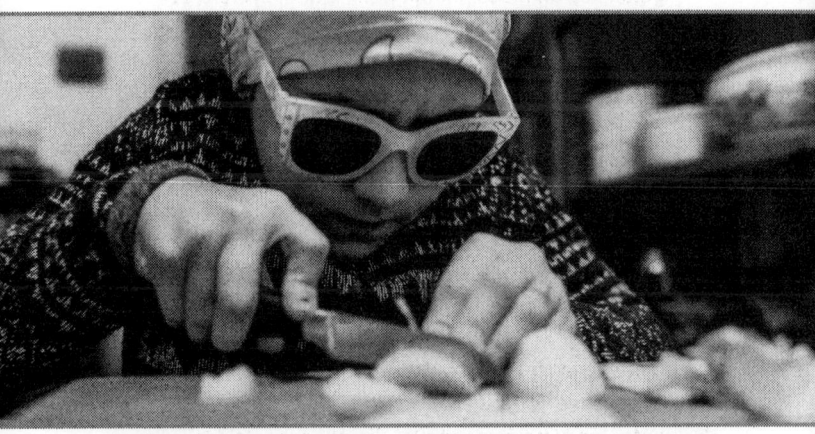

Zwiebeln schneiden ohne Tränen? Probiert doch mal diesen Trick aus!

Wenn ihr demnächst in der Küche steht und Zwiebeln schneidet, wisst ihr, was für eine trickreiche Pflanze ihr vor euch habt.

Da das aber natürlich auch nicht vor tränenden Augen bewahrt, sind hier die besten Zwiebelschneidetricks für euch aufgelistet:

- Schneidet die Zwiebel unter fließendem Wasser. Dann wird der schleimhautreizende Stoff sofort weggespült.
- Benutzt ein scharfes Messer. Dann werden die Zellwände wirklich zerschnitten. Ein stumpfes Messer zerdrückt die Zellwände und es kann mehr Saft austreten.
- Manche Menschen behalten einen Schluck Wasser im Mund, während sie die Zwiebel zerkleinern.
- Setzt eine große Sonnen- oder Schwimmbrille auf.

Mausschlau!

Die Stoffe aus der Zwiebel wirken auch gut gegen einige Bakterien. Das ist schon lange bekannt und wird seit vielen Jahren als Hausmittel genutzt. Bei Ohrenschmerzen verwendet man ein Zwiebelsäckchen. Hierzu wird eine Zwiebel klein geschnitten und in ein Tuch eingewickelt. Die Zwiebelstücke werden zu Brei gestampft, damit möglichst viel Saft austritt. Das Tuch wird mit dem Zwiebelbrei auf das schmerzende Ohr gelegt und mit einem Schal befestigt. Dadurch bleibt das Ohr schön warm und das Zwiebelsäckchen besonders wirkungsvoll.

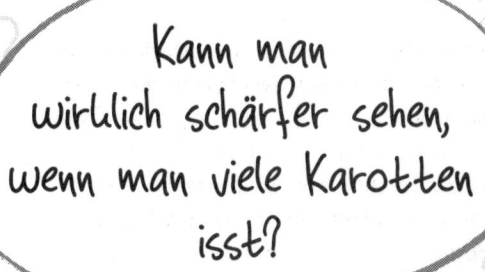

Kann man wirklich schärfer sehen, wenn man viele Karotten isst?

Habt ihr auch schon mal gehört, dass man von Karotten bessere Augen bekommt? Könnt ihr euch das vorstellen? Wenn das so ist, müsstet ihr eigentlich supergut sehen können, denn jeder von euch isst durchschnittlich 7 kg Karotten pro Jahr.

Karotten haben viele Namen. Sie werden als Möhre, Mohrrübe, Gelbe Rübe, Rübli oder Wurzel bezeichnet. Dabei ist »Karotte« schon ein ganz passender Name, weil er auf den wichtigsten Inhaltsstoff der Möhre hinweist, das **Betacarotin**. Das ist der orangefarbene Stoff, durch den die Karotte ihr frisches, leuchtendes Aussehen erhält. Genauer gesagt, durch den die Wurzel der Karotte ihre Farbe erhält. Der obere Teil der Möhre ist ein grünes Kraut, und nur der untere Teil, die sogenannte **Pfahlwurzel**, ist orange. Betacarotin kommt nicht nur in Möhren vor, auch Paprika, Kürbisse und Pfirsiche haben viel davon. Sogar Brokkoli und Spinat enthalten große Mengen, nur überlagern hier grüne Farbstoffe das Carotin und so ist es für uns nicht sichtbar. Damit unser Körper genügend Betacarotin aus der Nahrung aufnehmen kann, müssen wir das Gemüse zerkleinern oder erhitzen und mit Fett versetzen. Dann erst kann es der Körper verwerten. Er zerlegt das Betacarotin mit einer Art chemischer Schere und erhält dabei ein wichtiges Vitamin. Es heißt **Vitamin A** und kann vom Körper selbst nicht hergestellt werden. Betacarotin ist also die Vorstufe von Vitamin A und wird deswegen auch **Provitamin A** genannt.

Vitamin A brauchen wir für das Wachstum, den Aufbau von Blutkörperchen, für gesunde Haut und alle Schleimhäute, für unsere Nerven und Augen.

Dass Möhren gesund sind, wissen die Kaninchen doch schon lange!

Wissenschaftlich wird Vitamin A auch **Retinol** genannt. Dieser Name leitet sich von **Retina** ab. So wird die **Netzhaut** unserer Augen genannt. Die Netzhaut ist eine hauchdünne Schicht im Augeninnern, in der es zwei Arten von Zellen gibt, mit denen wir unsere Umgebung sehen. Die eine Zellart kann Farben wahrnehmen. Das sind die **Zapfen**. Dann gibt es noch die anderen Zellen, die Helligkeit erkennen. Sie werden **Stäbchen** genannt. Besonders bei den Stäbchen findet das Vitamin A seinen Einsatz. Hier bildet es das **Sehpurpur**, einen

Stoff, der das einfallende Licht wahrnimmt. Von den Stäbchen wird die Auskunft über hell und dunkel an die Nerven und dann ans Gehirn weitergeleitet. Das ist übrigens nicht nur bei den Menschen so. Vitamin A bildet bei zahlreichen Wirbeltieren das Sehpurpur und ist an vielen Stoffwechselvorgängen beteiligt. Interessanterweise haben Forscher herausgefunden, dass Kaninchen und Hasen mit dem Vitamin A so ähnlich umgehen wie der Mensch.

Was passiert, wenn wir zu wenig Vitamin A essen?

Wenn unser Körper zu wenig Vitamin A bekommt, können wir nach einiger Zeit schlechter im Dunkeln sehen, und die Augen werden schneller müde und trocken. Wir können sogar nachtblind werden. Deshalb sind Karotten oder andere Lebensmittel, die Betacarotin enthalten, sehr wichtig für unsere Augen. Allerdings können wir unsere Augen leider nicht durch große Möhren-Essaktionen verbessern. Wir können so viele Möhren essen, wie wir wollen, besser sehen und auf Brille oder **Kontaktlinsen** verzichten können wir dadurch nicht.

Unter normalen Umständen bekommen wir keinen Vitamin-A-Mangel, denn Betacarotin wird auch als Farbstoff vielen anderen Lebensmitteln zugesetzt, sodass wir ausreichende Mengen davon essen. Es ist zum Beispiel in Butter, Margarine, verschiedenen

Limonaden und vielen Süßigkeiten enthalten. Indem wir Lebensmittel wie Fisch, Leber und Eigelb essen, können wir Vitamin A in direkter Form und nicht nur als Vorstufe aufnehmen.

Stimmt es, dass Babys orange im Gesicht werden, wenn sie viel Karottenbrei essen?

Ja, das ist tatsächlich so – zumindest bei hellhäutigen Kleinkindern. Wenn sie häufig mit Karottenbrei gefüttert werden, lagert sich das Betacarotin in ihrer Haut ein und färbt sie braunorange. Nach einiger Zeit verblasst die Farbe allerdings wieder, weil das Carotin abgebaut und ausgeschieden wird.

Mausschlau!

Forscher haben festgestellt, warum zum Beispiel Babys so gerne Karotten essen oder Karottensaft trinken. Der milde Geschmack ähnelt der süßlichen Muttermilch beziehungsweise dem Fruchtwasser. Er ist also für Babys ein bekannter Geschmack, den sie mögen.

Warum ist Gähnen ansteckend?

Richtig herzhaft und mit weit geöffnetem Mund gähnt ihr wahrscheinlich nur, wenn ihr alleine seid. Sind andere um euch herum, versucht ihr bestimmt, das Gähnen zu unterdrücken oder hinter vorgehaltener Hand zu verstecken. Aber was ist das? Euer Gegenüber gähnt jetzt auch. Und wenn noch mehr Menschen dabei sind, kann es passieren, dass einer nach dem anderen gähnt. Manchmal sogar mehrmals hintereinander. Habt ihr euch auch schon mal gefragt, woran das liegt? Wie das Gähnen genau funktioniert, und ob es vielleicht ansteckend ist, so wie eine Erkältung?

Forscher rätseln noch immer, warum wir gähnen müssen.

Gähnen läuft in unserem Körper immer gleich ab. Zuerst reißen wir den Mund so weit auf, wie wir nur können. Dabei strecken sich die Gesichtsmuskeln in die Länge und die Augen werden ein bisschen feucht. Wir atmen so tief und so viel in unsere Lungen ein, wie wir können. Danach atmen wir die Luft wieder aus und schließen langsam den Mund. Das Ganze dauert nur ungefähr sechs Sekunden. In unserem Leben gähnen wir durchschnittlich 250.000-mal. Nicht mitgezählt das Gähnen des Babys im Mutterleib. Denn damit fängt es schon in der elften Woche an. Vermutlich trainiert das Baby so seine Gesichtsmuskeln.

Aber wieso gähnen wir überhaupt?

Diese Frage beschäftigt die Wissenschaftler schon seit vielen Jahrzehnten. Die Vermutung, dass es am Sauerstoffmangel liegt, hält sich zwar noch hartnäckig, ist aber erwiesenermaßen nicht richtig. Mittlerweile glauben Forscher, dass wir besonders häufig gähnen, wenn wir müde sind oder nichts Spannendes um uns herum passiert und wir trotzdem wach bleiben müssen. Außerdem vermuten einige Wissenschaftler, dass wir gähnen, um unser Gehirn zu kühlen. Durch die kühle, eingeatmete Luft soll das Gehirn wieder aufmerksamer sein. Ihr könnt es ja mal an euch selbst ausprobieren, indem ihr euch ein Kühlpad auf die Stirn legt. Das soll angeblich sofort den Gähndrang stoppen.

Das alles erklärt zwar, warum der Einzelne gähnen muss, ist aber immer noch keine Begründung für das ansteckende Gähnen in einer Gruppe. Hier vermuten Wissenschaftler, dass unser Gähnen ein unbewusstes Zeichen der Zugehörigkeit ist. Es gibt nämlich bestimmte **Nervenzellen** in unserem Gehirn, die automatisch besonders aktiv sind, sobald wir uns in einer Gruppe befinden. Diese Nervenzellen arbeiten wie ein Spiegel und werden deshalb auch Spiegelnervenzellen oder **Spiegelneuronen** genannt.

Spiegelneuronen sind wie kleine Antennen und nehmen die Gefühle, Stimmungen und Handlungen von anderen Menschen wahr.

Wir ahmen dann das Verhalten oder Gefühl genau wie ein Spiegel nach. Ihr kennt das bestimmt auch, dass ihr zusammenzuckt, wenn euer Freund beim Fußball einen Ball abbekommt. Und sobald sich jemand an einer niedrigen Tür den Kopf stößt, zieht ihr automatisch den Kopf ein.

Auch Eltern nutzen unbewusst die Spiegelnervenzellen, wenn sie ihr Baby mit dem Löffel füttern wollen. Sie öffnen ihren eigenen Mund – und es funktioniert, der kleine Mund geht weit auf.

Genauso ist es auch beim Gähnen. Wir sehen es bei den anderen, und unsere Spiegelnervenzellen sorgen dafür, dass wir auch herzhaft gähnen müssen. Die Spiegelnervenzellen sind also für das Mitgefühl verantwortlich. Sie zeigen an, wie sehr wir uns in den

anderen hineinversetzen können und wie einfühlsam
wir sind. In Versuchen konnte nachgewiesen werden,
dass Menschen, die sich nicht vom Gähnen anderer
anstecken lassen, auch in anderen Situationen nicht
besonders einfühlsam waren. Bei anderen Menschen
arbeiten die Spiegelnervenzellen so gut, dass sie
schon gähnen, wenn sie darüber lesen oder sich Fotos
von gähnenden Menschen anschauen.

Also, wenn ihr das nächste Mal beobachtet, dass all
eure Freunde nach und nach herzhaft gähnen, zeigt
das nicht, wie langweilig sie euch finden, sondern
dass sie ziemlich mitfühlend sind.

Mausschlau!

Auch Tiere müssen gähnen und Katzen,
Affen und Hunde lassen sich auch
beim Gähnen von ihren Artgenossen
anstecken. Viele Hunde müssen sogar
gähnen, wenn sie einen gähnenden
Menschen vor sich haben.

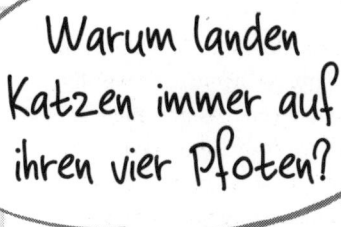

> Warum landen Katzen immer auf ihren vier Pfoten?

Katzen sind hervorragende Kletterer und richtige Akrobaten. Habt ihr auch schon mal staunend verfolgt, wie sie auf ihren vier Samtpfoten über ein schmales Fensterbrett balancieren und dabei keinen Blumentopf herunterwerfen? Auch wenn sie über Dächer laufen, Mäusen nachjagen und auf Bäume klettern, sorgen ihre geschmeidigen Bewegungen und ihr extrem beweglicher Körper immer wieder für Bewunderung. Wenn Katzen aus größerer Höhe auf den Boden fallen oder springen, ist das aber noch faszinierender. Denn sie landen immer auf ihren vier Pfoten, selbst wenn sie mit dem Rücken voran fallen. Und sofort taucht die Frage auf: Wie machen sie das eigentlich?

Auch junge Kätzchen sind schon wahre Meister im Springen!

Forscher beschäftigten sich viele Jahrzehnte mit diesem Phänomen und führten Versuche durch, bei denen sie einiges über den Körper der Katzen herausfanden. Sie stellten zum Beispiel fest, dass Katzen einen Körper haben, der sich besonders gut für Kletterkünste eignet. Katzen haben ein ungewöhnlich bewegliches **Skelett**, das gleichzeitig stabil und elastisch ist. Ihre Wirbelsäule besteht aus 7 Hals-, 13 Brust-, 7 Lenden- und 3 Kreuzwirbeln, zu denen natürlich auch noch die 20 bis 23 Schwanzwirbel gezählt werden.

Der Schwanz dient der Katze als Balancierstange, Ruder und Steuer.

Außerdem fehlt Katzen am Schultergelenk das Schlüsselbein. Sie haben an dieser Stelle nur noch einen kleinen bedeutungslosen Knochen. Deshalb können sie ihre Schulter stark eindrehen und sich durch enge Spalten zwängen. Ihre Muskulatur besteht aus vielen kräftigen Muskeln, die darauf eingestellt sind, schnell und flexibel zu arbeiten. An den Hinterbeinen und im hinteren Rücken sind sie besonders stark und ermöglichen sehr weite und hohe Sprünge. Es gibt Katzen, die aus dem Stand drei Meter hoch springen können oder mit einer Geschwindigkeit von 50 km/h einen Satz von zwei Metern Weite machen können. Damit erreichen sie im Sprung innerhalb von Sekunden die Geschwindigkeit eines Autos im Stadtverkehr. Auch der Gleichgewichtssinn der Katze arbeitet schnell und genau. Er liegt im Innenohr, wie bei uns Menschen, und meldet in kürzester Zeit jede Änderung der Lage im Raum an das Katzenhirn.

All diese Erkenntnisse beantworten aber immer noch nicht die Frage, wie die Katze im freien Fall die halbe Drehung um ihre eigene Achse, also vom Rücken auf den Bauch, schafft. Denn es widerspricht eigentlich dem Naturgesetz, dass sich ein fallender Gegenstand aus eigener Kraft in eine Drehung versetzen kann. 1894 erklärte die Akademie der Wissenschaften in Paris dies sogar zu einem »wissenschaftlichen Problem« und rief die Bevölkerung auf, nach einer Lösung zu suchen. Bis zu diesem Zeitpunkt waren die Wissenschaftler der Ansicht, die Katze würde sich beim Absprung abstoßen und so den Antrieb zur Drehung bekommen.

Und wer konnte das Rätsel lösen?

Der Erfinder und Wissenschaftler **Etienne-Jules Marey** lieferte schließlich die Lösung. Er hatte eine Kamera erfunden, mit der er sechzig Bilder in der Sekunde aufnehmen konnte. Mit dieser Kamera fotografierte er fallende Katzen aus verschiedenen Blickwinkeln. Er hängte die Bilder aneinander und schaute sie sich wie »in Zeitlupe« an. Dabei wurde klar, dass die Katze sich nicht abstößt. Der Trick besteht vielmehr darin, dass sie sich in zwei Abschnitten dreht. Im ersten Abschnitt dreht sie ihren Vorderkörper schnell gegen den Boden und zieht dabei die Vorderbeine eng an den Körper. Dabei hält sie die Hinterbeine im rechten Winkel weit weggestreckt vom Körper. So dreht sich der Vorderkörper schnell, während sich das Hinterteil wegen der lang gestreckten Beine nur leicht in die Gegenrichtung dreht. Im zweiten Abschnitt streckt die Katze die Vorderpfoten und zieht die hinteren Füße an, sodass die hintere Körperhälfte sich in dieselbe Richtung dreht.

Ihr kennt dies bestimmt von Eiskunstläufern, die diesen Trick auch nutzen, um Pirouetten zu drehen. Werden die Arme eng an den Körper gehalten, nimmt die Geschwindigkeit der Pirouetten zu, und die Eiskunstläufer drehen sich viel schneller als mit lang ausgestreckten Armen.

Mit modernen Hochgeschwindigkeitskameras wurde später herausgefunden, dass Katzen dazu auch ihren

Kurz bevor die Katze den Boden erreicht, streckt sie alle viere von sich und macht einen Buckel, um den Aufprall abzufangen.

Schwanz einsetzen. Wenn sie fallen, drehen sie ihn leicht, um eine Punktlandung auf vier Pfoten zu schaffen. Erstaunlicherweise brauchen Katzen für die gesamte Drehung, die auch **Stellreflex** genannt wird, nur eine Achtelsekunde.

Weil die Katze während des Sprungs ihren Körper also in zwei unterschiedlichen Schritten dreht, erreicht sie den Boden immer auf allen vieren. Ein toller Trick, mit dem sie sogar Naturgesetze überlisten kann.

Mausschlau!

Es gibt Katzen, die noch viel weiter und höher springen als unsere Hauskatzen. Den Weitsprungrekord hält der Puma mit mehr als 11 Metern. Er kann auch aus einer Höhe von mehr als 15 Metern in die Tiefe springen, ohne sich zu verletzen.

> Warum ist man morgens größer als abends?

Prüft ihr eigentlich zwischendurch auch, ob ihr gewachsen seid? Es gibt Kinder, die werden nur beim Kinderarzt gemessen, aber die meisten Kinder messen selbst jede Woche oder jeden Monat nach, ob sie schon wieder ein kleines Stückchen gewachsen sind. Deshalb hängt bei vielen Familien auch ein Maßband an der Wand und daneben wird jedes Mal die neue Größe mit einem Bleistiftstrich angezeichnet. Aber um wirklich vergleichen zu können, wie viel ihr gewachsen seid, müsstet ihr euch immer um die gleiche Tageszeit messen. Denn morgens erreicht ihr einen höheren Wert als abends. Das ist kein Scherz, es ist wirklich so, dass wir Menschen morgens einen bis zwei Zentimeter größer sind als abends.

Dieser Größenunterschied wird durch unsere **Wirbelsäule** verursacht. Sie bildet die knöcherne Mitte unseres Körpers und trägt Kopf, Hals, Rumpf und Arme. Außerdem schützt sie das **Rückenmark**, über das fast alle Befehle vom Gehirn zum Körper gelangen. Die Wirbelsäule reicht vom Kopf bis zum Steißbein und besteht bei den meisten Menschen aus 34 Wirbeln.

Es gibt 7 Halswirbel, 12 Brustwirbel, je 5 Lenden- und Kreuzbeinwirbel und 3 bis 5 Steißbeinwirbel. Die einzelnen Wirbel sind über **Bandscheiben** miteinander verbunden, die dazwischenliegen. Es gibt insgesamt nur 23 Bandscheiben, denn zwischen den beiden oberen Halswirbeln und den miteinander verwachsenen Kreuz- und Steißbeinwirbeln kommen sie nicht vor.

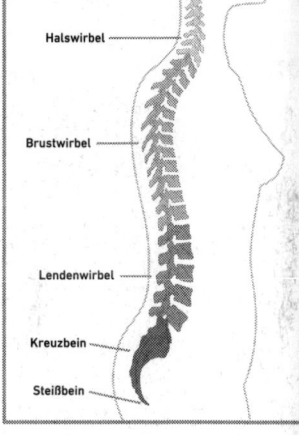

Halswirbel

Brustwirbel

Lendenwirbel

Kreuzbein

Steißbein

Erst durch den Wechsel zwischen Wirbel und Bandscheibe wird die Wirbelsäule beweglich.

Würde sie nur aus zusammengewachsenen Wirbeln bestehen, wäre sie so starr wie ein Besenstiel. Durch die Bandscheiben ist die Wirbelsäule in alle Richtungen beweglich, denn die Bandscheiben ermöglichen auch

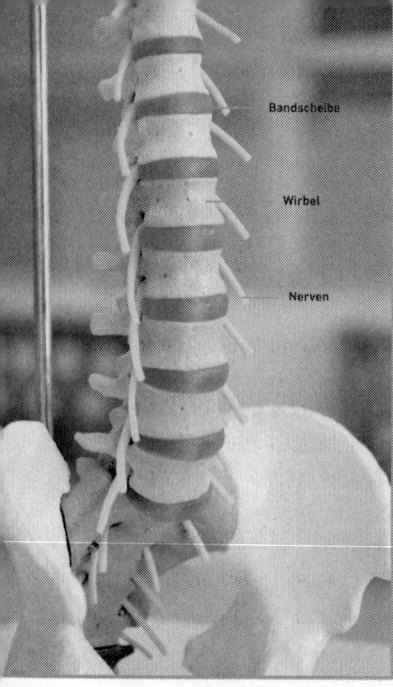

Bandscheibe

Wirbel

Nerven

So ein Modell steht bei vielen Ärzten auf dem Schreibtisch. Es zeigt, wie unsere Wirbelsäule aufgebaut ist.

drehende und seitliche Bewegungen der Wirbelkörper zueinander. Dadurch können wir uns nach vorne, nach hinten und zur Seite biegen. Die Bandscheiben haben durch ihren besonderen Aufbau noch eine andere wichtige Aufgabe. Sie dienen als eine Art Stoßdämpfer und federn Stöße und Erschütterungen ab. Bandscheiben sind keine harten und knöchernen, sondern ziemlich elastische Gebilde. Sie bestehen aus einem fasrigen äußeren Ring und einem weichen gallertartigen Kern. Ihr könnt euch das ein bisschen wie bei einem Puddingteilchen vorstellen, das in der Mitte einen Puddingkern hat und von Teig umhüllt ist. Der knorpelige Ring begrenzt den inneren, weichen Kern, der sich durch die Bewegungen der Wirbelsäule verformen kann. Die elastischen Kerne bestehen bis zu 85 Prozent aus Wasser und können, wie ein Gelkissen, bei Druck nachgeben. Tagsüber lastet das Gewicht des Oberkörpers auf der Wirbelsäule, egal, ob wir sitzen, laufen oder stehen. Auch die **Schwerkraft** übt einen großen Druck aus.

Schrumpft die Wirbelsäule dann im Tagesverlauf?

Ja, denn durch das Gewicht des Oberkörpers und die Schwerkraft werden die Wirbel und die Bandscheiben zusammengepresst. Ein Teil der Flüssigkeit wird so aus den Bandscheiben herausgedrückt. Sie werden insgesamt etwas dünner, jede Bandscheibe nur ein klein wenig, aber insgesamt wird es deutlich messbar. Der Mensch ist dann ungefähr 2 Zentimeter kleiner als am Morgen. Abends im Bett ist der Druck auf die Bandscheiben am kleinsten. Deshalb können sie über Nacht wieder etwas von der Flüssigkeit aufnehmen. Fast so wie bei einem vollgesogenen Schwamm: Drückt ihr ein Gewicht, zum Beispiel einen Backstein, auf einen Schwamm, wird Wasser herausgepresst. Nehmt ihr den Stein wieder hoch, saugt sich der Schwamm mit dem Wasser aus seiner Umgebung wieder voll. Und genau so, wie der Schwamm wieder seine ursprünglichen Ausmaße erreichen kann, vergrößern sich in der Nacht auch die Bandscheiben wieder, und wir erreichen morgens wieder unsere volle Größe.

Mausschlau!

Bei älteren Menschen können sich die Bandscheiben über Nacht nicht mehr so gut erholen. Das ist der Grund dafür, dass ausgewachsene Menschen im Alter häufig ein paar Zentimeter kleiner sind als in ihrer Jugend.

> Müssen Fische eigentlich auch rülpsen oder pupsen?

Essen und Trinken sind für euch selbstverständlich und überlebenswichtig. Denn über die Nahrung bekommt ihr die Energie, die ihr für alle Dinge im Leben braucht. Egal, ob ihr arbeitet, lauft, spielt, Sport macht oder ein Stückchen wachst. Ohne Nahrung geht es nicht. Euer Körper verdaut sie, nimmt alle wichtigen Nährstoffe auf und scheidet den Rest, den er nicht verwerten kann, als Urin oder Kot wieder aus. Oder ab und zu auch als Luft, denn manchmal müsst ihr rülpsen oder pupsen. Dann gibt der Körper gasförmige Stoffe ab, die bei der Verdauung entstanden sind. Und genau so, wie ihr zwischendurch mal rülpsen oder pupsen müsst, passiert das auch den Kühen, Pferden oder Hunden. Aber wie ist es mit Tieren, die unter Wasser leben? Können Fische auch rülpsen oder pupsen?

Um an die Inhaltsstoffe zu gelangen, muss die Nahrung verdaut werden. Hierzu wird sie häufig erst mit den Zähnen zerkleinert und dann hinuntergeschluckt. In Magen und Darm wird sie von **Verdauungssäften** und Bakterien weiter abgebaut und in immer kleinere Teile zerlegt. Hierbei kann sich Gas bilden, das den Körper wieder als Rülpser oder Blähung verlässt. Beim Menschen entsteht ein Rülpser beispielsweise, wenn er zu viel oder zu schnell kohlensäurehaltige Getränke wie Mineralwasser, Limonade oder Sekt getrunken hat. Auch durch schnelles oder hastiges Essen gelangt mehr Luft in den Magen. Ist der Druck im Magen zu groß, wird die Luft aufgestoßen und ist als Rülpser hörbar. Bei Tieren, die wie Kühe als **Wiederkäuer** besonders viel Gras und Kräuter verdauen, entstehen außerdem große Mengen an **Methangas** im Magen. Dieses Gas wird von den Tieren wieder abgegeben. Bei Fischen ist es ähnlich. Bilden sich zu viele Gase im vorderen Verdauungstrakt, müssen sie wieder raus und steigen als kleine Bläschen aus dem Maul auf. Genauso ist es mit der Luft, die Fische manchmal schlucken, wenn sie direkt an der Wasseroberfläche fressen. Auch sie steigt in kleinen Bläschen wieder nach oben. Rülpsen können Fische also schon mal.

Und was ist mit dem Pupsen?

Die Gase, die bei der Verdauung im Darm entstehen, verlassen unseren Körper als Blähungen. Wenn die **Darmbakterien** hierbei auch schwefelhaltige Stoffe herstellen, stinkt es manchmal ziemlich unangenehm. Auch Tiere müssen die überschüssige Luft aus ihrem Darm loswerden. Besonders Bauern und Hundebesitzer wissen, wie unangenehm das riechen kann. Für Fische ist es sogar besonders wichtig, die entstandenen Gase aus dem Darm zu entsorgen. Würde sich zu viel Luft in ihrem Körper ansammeln, würden sie wie ein Wasserball an die Wasseroberfläche aufsteigen und könnten nur noch unter größten Schwierigkeiten schwimmen. Also rülpsen und pupsen sie! Forscher haben noch einen zweiten, sehr spannenden Grund für das Pupsen der Fische gefunden:

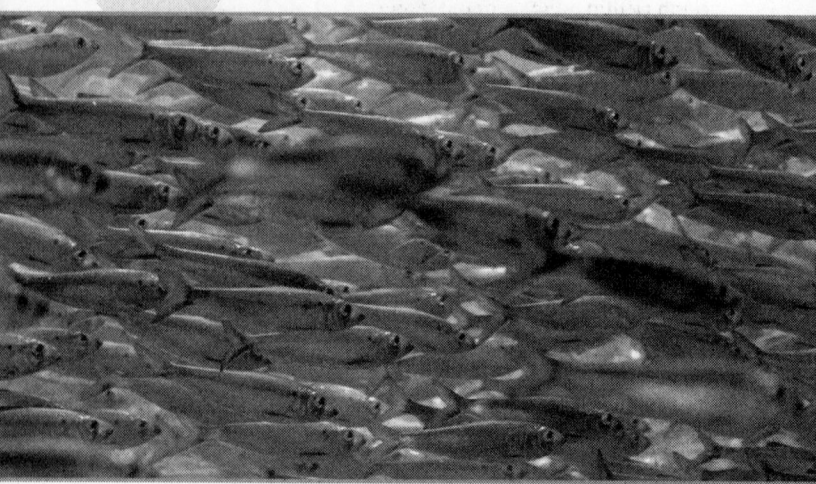

Es ist bewiesen: Fische können pupsen. Heringe machen das sogar ganz bewusst, um in den unterschiedlichsten Tönen mit ihren Artgenossen zu kommunizieren.

Die Pupsgeräusche dienen einigen Fischarten zur Verständigung!

Das ist kein Scherz, sondern tatsächlich wissenschaftlich bewiesen. Heringe können bewusst Luft aus ihrem Darm in die **Schwimmblase** pressen und über eine zweite Öffnung am After wieder abgeben. Hierbei entstehen die unterschiedlichsten Töne, die über sieben Sekunden lang und basstief bis extrem hoch sein können. Wissenschaftler vermuten, dass sich die Fische besonders gerne nachts und in großen Schwärmen auf diese Art verständigen, weil ihre »Unterhaltungen« dann richtig laut werden können.

Mausschlau!

Die Schwimmblase ist ein besonderes Organ, das die Fische mit Luft füllen, um den Auftrieb zu erhalten, der sie im Wasser schweben lässt. Übrigens: Heringe aus dem Pazifischen Ozean scheinen sich vielseitiger zu unterhalten als ihre Artgenossen aus dem Atlantik. Das konnten Forscher mit einem Unterwassermikrofon nachweisen.

Warum ist ein Kaugummi im Mund weich, obwohl er nach dem Ausspucken ganz schnell fest wird?

Und bleiben Kaugummis wirklich jahrelang im Magen?

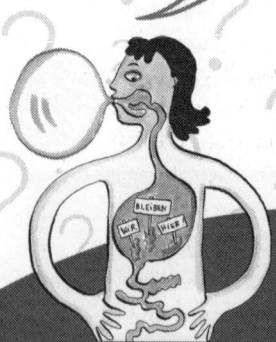

Kaugummis gibt es in vielen Formen, Farben und Geschmacksrichtungen und besonders die zucker-freien Sorten werden immer beliebter. Jeder von euch hat bestimmt schon mal die warnenden Sätze »Kaugummis verkleben den Magen« oder »Ein ver-schluckter Kaugummi bleibt sieben Jahre im Ma-gen« gehört. Vielleicht ist das auch ein Grund dafür, dass sie so oft unter Tischen, Stühlen oder Schuh-sohlen kleben. Aber ist da wirklich was dran?

Ein einzelner verschluckter Kaugummi ist für uns Menschen kein Problem. Die unverdaulichen Teile des Kaugummis werden durch den Magen und den Darm geschleust und dann einfach wieder ausgeschieden. Es ist also nicht schlimm, mal einen Kaugummi zu verschlucken. Aber am besten wickelt ihr den ausgekauten Kaugummi in ein Papier und werft ihn in den Mülleimer. Interessanter ist die Frage, warum ein Kaugummi im Mund weich, an der Luft aber ganz schnell hart wird. Warum ist das eigentlich so?

Kaugummis bestehen aus fünf verschiedenen Bestandteilen. Die **Kaugummibase** bildet als Kaumasse das, worauf man herumkaut. Dazu kommen noch **Weichmacher** aus Ölen, damit die Kaumasse nicht austrocknet. Zucker, Sirup oder Zuckerersatzstoffe sorgen für die Süße und die Geschmeidigkeit, **Aromastoffe** für den Geschmack. Früher wurden als Kaumasse verschiedene Harze, Kautschuk des Gummibaums oder auch Milchsäfte verschiedener Bäume verwendet. Besonders beliebt war der Saft des **Sapotillbaums** aus Südamerika. Heute wird die Kaumasse künstlich hergestellt und besteht aus sogenannten **Polymeren**. Das sind Stoffe, die aus langen, vernetzten Kohlenstoffketten mit Tausenden gleichen Bausteinen aufgebaut sind. Polymere sind gesundheitlich unbedenklich, farblos und geschmacklos.

Im ersten Schritt der Kaugummiherstellung wird die Kaumasse zerkleinert. Dann wird die Masse geschmolzen und nach einem genauen Rezept mit den anderen Zutaten in einer Mischtrommel vermengt. Genau wie bei einem Brotteig. Anschließend wird die Masse auf Walzen dünn ausgerollt und in Streifen oder andere Formen geschnitten. Viele Kaugummis bekommen dann noch einen Zuckerguss und müssen anschließend eine Zeit lang aushärten.

Was passiert mit dem Kaugummi im Mund?

Wenn wir einen Kaugummi in den Mund nehmen, fangen wir automatisch an zu kauen, und es fließt mehr Speichel. Der enthält Stoffe, die **Enzyme** genannt werden. Sie bearbeiten die Masse beim Kauen dann so, dass sie weich wird. Die Enzyme funktionieren dabei wie kleine chemische Scheren und trennen bestimmte Verbindungen in den Ketten. Dadurch lösen sich Zucker und Geschmacksstoffe, wie Pfefferminze oder Fruchtgeschmack, aus dem weichen, warmen Kaugummi. Nach einiger Zeit bleibt nur die Kaumasse übrig, der unverdauliche Teil des Kaugummis. Wenn ihr diesen Rest aus dem Mund nehmt und zum Beispiel auf einen Teller legt, wird der Kaugummi schnell hart.

Denn die Enzyme verlieren nach einiger Zeit ihre Wirkung und die aufgetrennten Kettenverbindungen in der Kaumasse schließen sich wieder.

Kaugummikauen macht nicht nur Spaß, es ist sogar richtig gut für uns, wenn es sich um einen zuckerfreien Kaugummi handelt. Dann senkt regelmäßiges Kaugummikauen tatsächlich das Kariesrisiko und neuer Zahnbelag bildet sich langsamer. Durch den Speichelfluss wird der Zahnschmelz härter und die schädlichen Fruchtsäuren aus Getränken werden verdünnt. Kaugummis dienen nicht nur der Zahnpflege, sie gleichen beim Fliegen den unangenehmen Druck auf den Ohren aus und helfen gegen Reisekrankheit. Außerdem soll die Kaubewegung die Kiefer- und Nackenmuskeln lockern und Stress abbauen. Untersuchungen beweisen sogar, dass hierdurch das Gehirn besser durchblutet wird. Die Konzentration steigt und man kann sich Dinge schneller merken.

Wer macht die größten Kaugummiblasen? Solange der Kaugummi im Mund ist, bleibt er aufgrund des Speichels schön weich. Sobald man ihn ausspuckt, lässt die Wirkung der Speichelenzyme nach und der Kaugummi wird hart.

Mausschlau!

Wenn man in Singapur beim Wegwerfen eines Kaugummis erwischt wird, muss man mit einer Strafe von 500 Euro rechnen. Außerdem dürfen dort nur Apotheker Kaugummis verkaufen. Zur genauen Kontrolle müssen sie sich sicherheitshalber auch den Namen des Käufers aufschreiben.

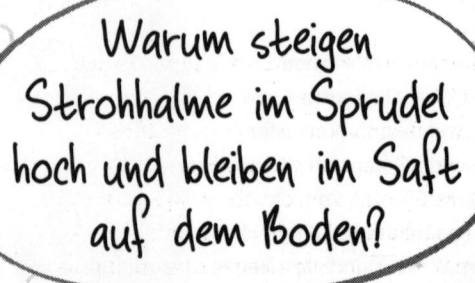

Warum steigen Strohhalme im Sprudel hoch und bleiben im Saft auf dem Boden?

Besonders im Sommer werden viele Getränke mit Eiswürfeln und Strohhalm serviert. Ist euch dabei schon mal aufgefallen, dass die Halme in manchen Getränken stehen bleiben und in anderen hochsteigen? In Säften, stillem Wasser und Milch bleiben die Strohhalme unten auf dem Boden stehen, in Saftschorlen, Limonaden und Sprudelwasser steigen sie nach kurzer Zeit hoch. Alle Getränke, in denen die Strohhalme aufsteigen, haben eins gemeinsam: Sie enthalten **Kohlensäure**. Das merkt ihr auch daran, dass es zischt und sich viele kleine Bläschen bilden, wenn ihr die Flasche zum ersten Mal öffnet.

Um herauszufinden, was mit den Strohhalmen genau passiert, könnt ihr einen kleinen Versuch machen. Ihr braucht dazu zwei Strohhalme, eine Flasche stilles Wasser oder Leitungswasser und eine Flasche Sprudelwasser. Da die Getränke durchsichtig sind, könnt ihr die Halme besonders gut beobachten. Befüllt ein Glas mit stillem Wasser und ein zweites Glas mit Sprudelwasser. Gebt zuerst einen Strohhalm in das stille Wasser. Der Halm sinkt mit seinem unteren Ende bis auf den Boden, kippt dann leicht zur Seite und lehnt sich schräg an den oberen Glasrand. Dann gebt ihr den zweiten Strohhalm in das Glas mit Sprudelwasser und schaut zu, was geschieht. Auch hier sinkt der Strohhalm zunächst auf den Boden und lehnt sich an den oberen Glasrand. Nach kurzer Zeit steigt er aber langsam ein kleines Stück hoch und scheint in dem Getränk zu schweben. Warum ist das so?

Sprudel oder andere kohlensäurehaltige Getränke werden oft mit **Kohlendioxid** versetzt. Kohlendioxid ist ein durchsichtiges Gas, das unter hohem Druck in die Flasche gepresst wird. Hierbei löst sich das Gas im Wasser und bildet mit ihm die Kohlensäure. In der verschlossenen Flasche sind keinerlei Gasblasen zu sehen. Wird die Flasche aber geöffnet, fällt der Druck in der Flasche plötzlich ab, und die Kohlensäure zerfällt nach und nach wieder in Kohlendioxid und Wasser. Da Kohlendioxid ein leichtes Gas ist, steigt es in Form von kleinen Bläschen an die Wasseroberfläche.

Hier zerplatzen die Blasen und gehen in Luft über. Wenn ihr euer Gesicht direkt über den Sprudel haltet, könnt ihr sogar spüren, wie die kleinen Bläschen platzen.

Was passiert mit dem Bläschen und dem Strohhalm?

Trifft ein Bläschen beim Weg an die Oberfläche auf einen Gegenstand, bleibt es daran hängen. So ist das auch beim Strohhalm. Die Bläschen, die ihn berühren, bleiben an der Strohhalmwand kleben. Nach und nach lagern sich immer mehr Gasbläschen an. Da die Bläschen sehr viel leichter als Wasser sind, haben sie einen starken Auftrieb.

Wenn sich genügend Bläschen am Strohhalm angeheftet haben, sorgen sie dafür, dass sich der Halm langsam nach oben bewegt.

Bei Getränken mit Kohlensäure steigen Bläschen hoch, die am Strohhalm haften bleiben und ihn nach oben schweben lassen.

Die **Kohlendioxidbläschen** funktionieren so ähnlich wie Schwimmflügel. Sie vergrößern den Auftrieb des Strohhalms und halten ihn mehr oder weniger in einer Position im Wasser. Wenn ihr längere Zeit mit einem Löffel im Glas umrührt, steigen ganz viele Gasbläschen auf einmal auf, und das Wasser verliert eine große Menge der Kohlensäure. Dann sammeln sich nur noch wenige Kohlendioxidbläschen am Strohhalm, und er bleibt auch in diesem Glas, wie im stillen Wasser, auf dem Boden stehen.

Mit Papierstrohhalmen funktioniert das wunderbar. Probiert doch mal aus, was mit Halmen aus Stroh oder Metall passiert.

Mausschlau!

Bei Rosinen könnt ihr die Auftriebskraft von Kohlendioxidbläschen besonders eindrucksvoll beobachten. Wenn ihr sie in ein Glas mit stark sprudelndem Wasser werft, steigen sie in dem Getränk pausenlos auf und ab. An der rauen, kantigen Oberfläche der kleinen Früchtchen gibt es viele winzige Unebenheiten, an denen sich die Kohlendioxidbläschen besonders gut anheften können. Haben sich genügend Bläschen an den Rosinen gesammelt, steigen sie nach oben. Sobald sie die Wasseroberfläche erreicht haben, sinken sie aber wieder ab, denn die Gasbläschen platzen an der Oberfläche, und der zusätzliche Auftrieb geht verloren. Die Rosinen sind dann wieder so schwer, dass sie auf den Boden sinken. Dort lagern sich schnell wieder neue Bläschen an. Es ist ein ständiges Auf und Ab, sodass es aussieht, als würden die Rosinen im Sprudel tanzen.

Warum reinigt Dreck den Magen?

Draußenspielen macht Spaß. Erst recht, wenn richtig viel gebuddelt, gematscht und geschaufelt werden darf. Habt ihr schon mal beobachtet, dass sogar Kleinkinder stundenlang zufrieden im Sand spielen können? Häufig bekommen sie zwischendurch eine kleine Stärkung, wie zum Beispiel ein Apfelstückchen. Und fast genauso häufig fällt das Stückchen den Kindern aus der Hand in den Sand. Ganz selbstverständlich heben sie es auf und wollen es sich sandverschmiert wieder in den Mund stecken. In diesem Moment könnt ihr beobachten, dass sich Eltern ganz unterschiedlich verhalten. Einige nehmen ihrem Kind mit einem lauten »Iih Bah« das sandige Stück wieder weg, andere Eltern zucken gelassen mit den Schultern und sagen: »Das ist okay, Dreck reinigt den Magen.« Bestimmt habt ihr diese Redensart auch schon mal gehört und euch gefragt, wie etwas Dreckiges etwas anderes reinigen kann?

Im Matsch spielen kann so schön sein!

Wie bei den meisten Redensarten steckt auch in dieser ein Fünkchen Wahrheit drin. Entscheidend ist, wie so oft, die richtige Menge: Selbstverständlich kann es nicht gesund sein, wenn ihr euch schaufelweise dreckigen Sand in den Mund steckt. Außerdem ist auch nicht jeder Dreck gut für euch. Und wirklich geputzt wird der Magen durch den Dreck natürlich auch nicht, wie sollte das auch gehen?

Es gibt mittlerweile zwei verschiedene Erklärungen für die Redensart. Zum einen enthält Dreck manchmal wertvolle Inhaltsstoffe, die wir Menschen sehr gut nutzen können. Schon im alten Ägypten wurden Geschwüre und Sonnenbrände mit **Nilschlamm** behandelt. Und vor über 2.000 Jahren entdeckten die alten Griechen, dass Magenkranke besonders schnell gesund wurden, wenn sie Erde von der Insel **Lemnos** zu sich nahmen. Wissenschaftler bestätigten später, dass es Erden gibt, die sehr reichhaltig an bestimmten **Mineralstoffen** sind. Oft werden sie auch als **Heilerden** bezeichnet. Diese Heilerden enthalten besonders viel **Magnesium**, **Kalzium**, **Kalium**, **Eisen** und die Salze von **Kieselsäuren**. Diese Stoffe können im Magen überschüssige Magensäure binden. Dadurch wird ein unangenehmes Aufstoßen, das Sodbrennen, verhindert. Außerdem kann Heilerde Giftstoffe binden, die dann auf natürlichem Weg vom Körper ausgeschieden werden.

Und was ist die zweite Bedeutung?
Eine zweite Deutung der Redensart bezieht sich auf das Abwehrsystem unseres Körpers, das sogenannte **Immunsystem**. Um sich erfolgreich gegen Krankheiten zu wehren, versucht unser Immunsystem pausenlos, unbekannte, unverträgliche Stoffe unschädlich zu machen. Ärzte gehen davon aus:

Kinder sollten mit Dreck in Berührung kommen, damit sich ein starkes Abwehrsystem ausbilden kann.

Denn unser Körper muss unverträgliche Keime, Krankheitserreger wie **Viren** und **Bakterien** oder auch **Pollen** erst kennenlernen, um einen eigenen Schutz dagegen aufzubauen. Besonders in den ersten Lebensjahren sollte der Körper die Abwehrreaktion regelrecht trainieren. Da bei uns übertriebene Sauberkeit oft an oberster Stelle steht, glauben einige Mediziner, dass sich die Abwehrsysteme so nicht ausreichend entwickeln können, da der Trainingseffekt

Es muss nicht alles sauber sein. Spielen im Schlamm trainiert das Immunsystem.

einfach nicht groß genug ist. Sie vermuten, dass deshalb immer mehr Kinder an Allergien, Asthma oder Heuschnupfen leiden. Denn im Gegensatz zu Kindern, die auf dem Bauernhof groß werden, konnte sich ihr Körper nicht ausreichend mit den Krankheitserregern auseinandersetzen. Hierfür spricht auch, dass Kinder vom Land deutlich seltener Allergien, Asthma oder Heuschnupfen haben als Stadtkinder.

Also, keine Angst vor sandigen Keksen, heruntergefallenen Bonbons oder dreckigen Händen, mit denen ihr gerade einen Hund gestreichelt habt. Natürlich heißt das jetzt nicht, dass ihr komplett auf Sauberkeit verzichten sollt. Es kommt auch hier auf die richtige Menge an. Vor dem Essen solltet ihr euch nach wie vor die Hände waschen, und nach einem Matschtag kann es durchaus angebracht sein, unter die Dusche zu gehen oder in die Wanne zu steigen.

Mausschlau!

Es gibt viele Naturvölker, die regelmäßig Erde essen. Auf der afrikanischen Insel Pemba essen junge Frauen besonders viel von einer bestimmten Erdsorte, wenn sie schwanger sind. Nämlich ungefähr 25 Gramm jeden Tag. Das entspricht ziemlich genau zweieinhalb Scheiben Knäckebrot. Wissenschaftler vermuten, dass die Frauen so vermehrt Giftstoffe aus ihrem Körper ausscheiden.

Warum haben manche Tiere Schnurrbärte?

Was haben Räuber Hotzenplotz und Charlie Chaplin mit Tigern, Robben und Mäusen gemeinsam? Den Bart, genauer gesagt den Schnurrbart! Männer tragen einen Schnurrbart als Schmuck oder um ihren persönlichen Stil auszudrücken. Die Bärte können sich deshalb in Form, Farbe und Länge deutlich voneinander unterscheiden. Bei Tieren ist das aber anders, hier haben die Barthaare eine äußerst wichtige Aufgabe: Sie dienen als Sinnesorgan.

Obwohl Schnurrbärte oder Schnurrhaare nichts mit dem Schnurren von Katzen zu tun haben, besitzen alle katzenartigen Tiere ausgeprägte **Tasthaare**. Neben den Katzen haben auch hundeartige Tiere Tasthaare. Die sogenannten **Vibrissen**, wie diese Sinneshaare von Wissenschaftlern genannt werden, findet ihr bei fast allen Säugetieren. Auch Mäuse, Maulwürfe oder im Wasser lebende Raubtiere, wie Robben, verlassen sich auf die Signale, die sie über diese Haare empfangen.

Die meisten Tiere haben nur im Gesicht **Vibrissen**. Oft sind es dickere, längere und vor allem härtere Haare, die rund um die Schnauze oder die Nase angeordnet sind. Bei einigen Tieren wachsen sie einzeln, bei anderen sprießen sie gleich büschelweise aus der Haut. Katzen haben noch zusätzliche Tasthaare über den Augen und sogar an den Vorderpfoten. Wie alle Haare bestehen auch Vibrissen aus leblosem Material und enthalten keine Nerven. Ihr unteres Ende, die Haarwurzel, ist in einem besonderen **Haarbalg** mit einer blutgefüllten Kapsel in die Haut eingebettet. Wird das Haar am vorderen Ende berührt, bewegt sich auch das Ende im Haarbalg und damit das Blut in der Kapsel. Über viele feinste Nervenendungen werden die winzigen Veränderungen wahrgenommen.

Was ertasten die Tiere denn mit ihren Haaren?

Die Tasthaare geben dem Tier selbst in der Dunkelheit Auskunft über seine Umgebung, über Hindernisse,

Beutetiere oder Gefahren. Einige Tiere können ihre Vibrissen sogar gezielt bewegen, weil die Haarwurzeln von kleinen Muskeln umgeben sind. Wie wichtig Tasthaare für Tiere sind, wird besonders bei Robben deutlich, denn sie fischen oft im Trüben. Aber sogar in trübem, dunklem Gewässer jagen Robben sehr erfolgreich, selbst wenn ihr Hör-, Riech- und Sehvermögen stark beeinträchtigt sind. Die Vibrissen nehmen die kleinen Wasserwirbel wahr, die ein Beutefisch auslöst, wenn er in der Nähe der Robbe vorbeischwimmt. Die Robbe nimmt dann sofort gezielt die Jagd auf.

Mäuse können ganz feine Luftbewegungen mit ihren Tasthaaren wahrnehmen und selbst bei stockfinsterer Nacht ihre Feinde rechtzeitig bemerken und in ihrem Loch verschwinden.

Bei Meerschweinchen konnten Wissenschaftler feststellen, dass sie mit ihren Haaren regelrecht »sehen« und sich ein umfassendes Bild ihrer Umgebung machen können. Sie wissen genau, ob sie durch eine Öffnung passen, können ohne anzuecken durch kurvige Röhren laufen und ertasten ihre Nahrung.

Ein erblindetes Meerschweinchen kann sich noch gut zurechtfinden, während abgeschnittene Tasthaare für diese Nager ein riesiges Problem darstellen.

Deswegen solltet ihr nie die Schnurrhaare eines Tieres kürzen. Maulwürfe haben neben zahlreichen Tasthaaren im Gesicht auch Tasthaare an den Pfoten und der Schwanzspitze, mit denen sie selbst feinste Erschütterungen der Erde wahrnehmen können. Die Haare sind so feinfühlig, dass sie die Erdbewegung, die ein Regenwurm verursacht, wahrnehmen können.

Mausschlau!

Bei Nacktmullen, die unter der Erde leben, haben die Tasthaare einen ganz besonderen Stellenwert. Sie sind nämlich die einzigen Haare, die ein Nacktmull hat. Dafür haben diese Nagetiere sogar Haare im Mund. Sie liefern ihnen Informationen über die Erde, die sie gerade mit ihren Zähnen ausgraben.

> Warum ist es oben auf dem Berg kälter als im Tal, obwohl man näher an der Sonne ist?

Bergwanderer machen jedes Mal die gleiche Erfahrung, wenn sie hoch oben an einer Hütte Rast machen oder sogar am Gipfelkreuz stehen. Es ist ziemlich kühl da oben, jedenfalls kälter als im Tal. Auch am schönsten Sommertag mit einem wolkenlosen blauen Himmel und klarer Sicht fröstelt man leicht. Und sieht, trotz schönstem Sommerwetter, manchmal sogar schneebedeckte Gipfel. Eigentlich erstaunlich, dass es immer kälter wird, je höher man hinaufsteigt. Genauso verwunderlich sind die weißen Gipfel der höchsten Berge, die doch Tausende von Metern näher an der Sonne sind. Hier oben müsste es doch deutlich wärmer sein, oder?

Viele von euch wissen bestimmt auch, dass warme Luft nach oben steigt. Das spricht doch ebenfalls dafür, dass das Thermometer am Gipfel in die Höhe klettern müsste. Aber warum tut es das nicht? Warum sinken die Temperaturen in der Höhe?

Um das zu verstehen, müsst ihr wissen, was mit den Sonnenstrahlen passiert, wenn sie auf die Erde treffen. Von der Sonne aus sausen sie blitzschnell, nämlich mit **Lichtgeschwindigkeit**, bis zur **Erdatmosphäre** und durch sie hindurch. Die Erdatmosphäre ist eine Gashülle, die die Erde wie eine Schutzhülle umgibt und gegen den Weltraum abgrenzt. In der Erdatmosphäre spielen sich das Wetter und Klima der Erde ab. Erreichen die Sonnenstrahlen nun die Erdoberfläche, werden sie in Wärmeenergie umgewandelt und als Wärme wieder abgegeben, die dann unsere Luft erwärmt. Die Luft, die der Erdoberfläche am nächsten ist, ist daher auch am wärmsten. Ähnlich wie bei einem Wärmestrahler: Denn je näher ihr an dem Strahler seid, umso mehr Wärme bekommt ihr ab. Und dann passiert etwas, das ihr vielleicht schon wisst: Da warme Luft nämlich leichter ist als kalte, steigt sie nach oben. Wie beim Heizkörper, beim Toaster oder der Fußbodenheizung.

Auch in einem geschlossenen Raum ordnen sich die Luftschichten immer genau so an, dass die kälteste Schicht unten und die wärmste Schicht weit oben ist.

Hoch oben auf den Bergen kann es viel kälter sein als im Tal. Deswegen haben erfahrene Bergsteiger auch bei schönstem Sommerwetter immer eine zusätzliche Jacke oder einen dicken Pulli dabei.

Im Gegensatz zu der Luft in einem geschlossenen Raum kann die Luft über der Erde ungehindert aufsteigen. Es gibt keine begrenzende Zimmerdecke und auch kein Dach. Die warme Luft steigt immer weiter hoch.

Was passiert mit der Luft, wenn sie so hoch steigt?

Hier oben herrschen ganz andere Bedingungen als am Boden. Der **Luftdruck** ist niedriger, denn er nimmt mit zunehmender Höhe ab. Je weiter die Luft also nach oben steigt, umso geringer ist der Luftdruck, auf den sie trifft. Und das beeinflusst wiederum die aufsteigende Luft. Sie dehnt sich aus und jedes Luftteilchen hat viel mehr Platz. Dadurch wird die Luft kühler.

Ihr habt sicher schon mal einen Fahrradreifen aufgepumpt, dann kennt ihr den umgekehrten Fall: In der Luftpumpe wird die Luft zusammengepresst, der Luftdruck erhöht sich und die Luft wird wärmer. Das könnt ihr nach kurzer Zeit sogar fühlen, wenn ihr die Pumpe in der Hand haltet.

Es gibt also zwei wichtige Gründe dafür, dass es hoch oben auf den Bergen kälter ist als im Tal. Die Bergspitzen sind zwar etwas näher an der Sonne dran als das Tal, aber viel entscheidender ist, dass die Gipfel weit von der Erdoberfläche, der eigentlichen Wärmequelle, entfernt sind.

Außerdem gerät die warme, leichte Luft, die vom Boden aufsteigt, mit zunehmender Höhe in einen Bereich, in dem der Luftdruck niedriger ist. Die Luft dehnt sich unter diesen Bedingungen aus und kühlt deshalb wieder ab.

Mausschlau!

Große Flugzeuge fliegen meist in einer Höhe von 8 bis 12 km. Hier schwankt die Außentemperatur zwischen −30 °C und −60 °C.

Kann man beim Schafezählen wirklich schneller einschlafen?

Jeder von euch kennt folgende Situation: Ihr liegt im Bett und seid so richtig müde. Ihr möchtet eigentlich nur noch tief und fest schlafen. Aber so sehr ihr es auch versucht, ihr könnt einfach nicht einschlafen. Wenn ihr Erwachsenen davon erzählt, nicken sie zustimmend und versichern, dieses Problem auch zu kennen. Und die meisten haben auch gleich einige tolle Einschlaftipps auf Lager. Manche Tipps sind eher ungewöhnlich, andere hört man häufiger. Einer ist aber fast immer dabei, und ihr habt ihn sicherlich auch schon mal gehört: »Wenn du nicht schlafen kannst, dann zähl Schafe!«

Schafe? Wieso soll man ausgerechnet Schafe zählen, um besser einzuschlafen? Geht das nicht auch mit Autos, Kakerlaken, Haien oder Erdbeeren?

Im Prinzip ja. Denn das mit dem Schafezählen funktioniert angeblich deswegen so gut, weil das Gehirn dann gleichförmig mit Zählen beschäftigt ist und wir uns so nicht mehr mit den Gedanken des Tages auseinandersetzen müssen. Die meisten Einschlaftipps sollen helfen, die Probleme und Sorgen des Alltags »abzuschalten«, und den Schläfer gelassener und ruhiger machen. Es gibt Menschen, die durch das eintönige Zählen ruhig werden. Bei diesen Menschen ist es wohl ziemlich egal, was sie zählen. Es sollte allerdings nicht Unbehagen, Ekel oder sogar Angst auslösen, denn dann macht sich bestimmt keine schläfrige Ruhe breit. Deshalb ist es für die meisten Menschen bestimmt angenehmer, wenn sie Schafe zählen anstatt Spinnen oder Ratten.

Aber warum sind es ausgerechnet Schafe?

Manche Menschen glauben, dass diese jahrhundertealte Redewendung entstanden ist, weil sich »Schaf« und »Schlaf« so ähnlich anhören. Einige Wissenschaftler denken, dass die meisten Menschen mit Schafen Eigenschaften wie weich, warm und weiß verbinden, so wie früher alle Betten waren. Außerdem gibt es die Vermutung, dass die Schafherde einfach nur ein Bild für eine riesige, fast unendliche Menge

Schäfchen auf der Weide oder Schäfchen am Wolkenhimmel – das Zählen dauert ganz schön lange und ist auf jeden Fall ermüdend.

sein sollte. Denn die Äpfel eines Baums oder die Hühner im Stall wären unter Umständen zu schnell gezählt gewesen. Aber früher waren die meisten Schafherden riesig, und jeder Schäfer konnte bestätigen, dass er ziemlich lange brauchte, um alle Tiere seiner Herde zu zählen. Es gibt auch die Annahme, dass mit den Schafen eigentlich die Wolken gemeint waren, die am Himmel entlangziehen wie die Schafe über eine Weide. Dies spricht für die Vermutung, dass der wichtigste Punkt bei diesem Einschlaftipp die unbegrenzte Menge zum Zählen ist.

Trotzdem gibt es Menschen, bei denen dieser Schaf-zähltrick überhaupt nicht hilft. **Schlafforscher** haben herausgefunden, dass dies Menschen sind, die auch tagsüber mehrere Dinge gleichzeitig denken oder tun. Sie können im Bett liegen, Hunderte von Schafen zäh-len und sich unendlich große Herden denken, ihr Ge-hirn bearbeitet die Probleme und Sorgen nebenher weiter. Diese Menschen kommen eher zur Ruhe, wenn sie eine warme Milch trinken und dabei ein Buch lesen, das ihre ganze Aufmerksamkeit braucht, oder wenn sie komplizierte Rechenaufgaben im Kopf lösen.

Dann bleibt ihrem Gehirn kein Platz für belastende Gedanken und sie schlafen ein.

Mausschlau!

Ob ihr mit Schafen, Autos, Blumen oder Sternen schneller einschlaft, könnt ihr sel-ber ausprobieren und mit den Erfahrungen eurer Freunde oder Geschwister verglei-chen. Vielleicht entstehen dabei ja ganz außergewöhnliche Zählideen. Es gibt auch Menschen, die schwören nicht auf weiße Schafe, sondern auf die Farbe Blau, die eine beruhigende Wirkung haben soll. Sie schlafen in blauer Bettwäsche, blauen Schlafanzügen und streichen sich sogar ihre Schlafzimmerwände blau.

Warum fällt der Toast immer mit der Marmeladenseite auf den Boden?

Jeder kennt es – und es passiert immer wieder! Ihr sitzt gemütlich am Frühstückstisch und habt einen warmen Toast mit Butter auf eurem Teller liegen. Jetzt streicht ihr noch etwas Marmelade drauf, vielleicht sogar eine selbst gemachte Sorte. Und dann seid ihr einen Moment unachtsam und das klebrige Brot rutscht euch aus den Fingern und fällt runter. Natürlich landet es prompt mit der Marmeladenseite auf dem Boden! »Wie immer«, denkt ihr dann vielleicht und überlegt, ob es Zufall, Schicksal oder einfach nur Pech ist.

Fällt das Brot vom Tisch, landet es immer mit der Marmeladenseite auf dem Boden. Also: Lieber schnell abbeißen!

Es ist nichts davon, denn eigentlich ist es nur Physik, ein einfaches **Naturgesetz**, genauer gesagt zwei Naturgesetze. Die Tatsache, dass der Toast überhaupt nach unten fällt, hat etwas mit dem Naturgesetz der **Schwerkraft** zu tun. Es besagt, dass alle Dinge, die eine Masse besitzen, sich gegenseitig anziehen. Die Erde zieht zum Beispiel Menschen, Autos und Marmeladenbrote an. Aber genauso ziehen die Dinge die Erde an. Um es ganz deutlich zu sagen, auch das Marmeladenbrot zieht die Erde an. Ja, das habt ihr richtig gelesen. Während das Marmeladenbrot auf den Boden fällt, fällt ihm auch die Erde entgegen. Da die Masse der Erde aber so riesig groß ist, bewegt sich die Erde nur unmerklich auf das Brot zu, und wir haben den Eindruck, dass sich ausschließlich das Brot bewegt.

Jetzt versteht ihr zwar, wieso der Marmeladentoast nach unten fällt, aber wieso er immer mit der klebrigen Seite auf dem Boden landet, wisst ihr noch nicht. Hierbei spielt die Erhaltung des **Drehimpulses**, ein zweites Naturgesetz, die entscheidende Rolle. Wenn uns der Toast vom Tisch oder aus den Händen rutscht, gibt es eine Ecke oder Seite des Toasts, die zuerst herunterfällt, und eine andere, die zuletzt fällt. Dadurch kippt der Toast und wird in eine Drehung versetzt, die während des ganzen Falls, also bis das Brot auf dem Boden landet, nicht gestoppt wird.

Unglücklicherweise reicht die Fallstrecke vom Tisch oder der Hand bis zum Boden nur für eine halbe Drehung.

Da fast alle Tische eine Höhe zwischen 75 und 90 cm haben, bleibt dem Toast also gar keine andere Möglichkeit, als auf der Marmeladenseite zu landen. Es sei denn, ihr legt den Toast mit der Marmeladenseite auf euer Brettchen. Dann müsste er bei der nächsten Unachtsamkeit sauber mit der Marmeladenseite nach oben auf dem Boden landen. Nur das ergibt ja nicht viel Sinn, dann hättet ihr die Schmiererei auf dem Brettchen und an den Händen.

Hilft es, wenn der Tisch höher ist?
Forscher haben hierzu viele Versuche gemacht und diese in Zeitlupe gefilmt, um herauszufinden, ob eine

andere Tischhöhe die Lösung sein könnte. Sie kamen zu dem Ergebnis, dass Tische mit einer Höhe von über 130 cm für fallende Brote ideal sind. Denn aus dieser Höhe landen fast alle Marmeladenbrote mit der beschmierten Seite nach oben. Bei diesen Tischen ist die Fallstrecke so groß, dass sich das Brot einmal komplett drehen kann. Wer weiß, vielleicht ist das der eigentliche Grund, warum es in so vielen Cafés und Bäckereien immer mehr hohe Stehtische gibt.

Noch eine weitere Lösungsmöglichkeit: nur noch kleine Toasts essen. Denn kleine Toasts drehen sich schneller und landen häufiger mit der Marmeladenseite nach oben auf dem Boden.

Mausschlau!

Nicht nur Marmeladentoasts fallen gerne besonders ungeschickt vom Teller. Auch Brote oder Brötchen, die nur mit Butter bestrichen sind oder Käse, Salami oder Schinken als Belag haben, landen meistens mit der belegten Seite auf dem Boden. Und selbst ganz unbestrichene Brote schaffen nur eine halbe Drehung beim Fallen.

Wie gehen Astronauten im All duschen und aufs Klo?

Sobald Astronauten ihr Raumschiff verlassen, müssen sie einen Weltraumanzug tragen, der sie mit Sauerstoff versorgt und vor den extremen Temperaturen im All und der starken Strahlung schützt. Denn im Weltraum herrschen ganz andere Bedingungen als auf der Erde. Auch die Schwerkraft, die uns auf der Erde fest am Boden hält, die dafür sorgt, dass Wasser nach unten fließt und das Essen auf dem Teller liegen bleibt, fehlt im Weltall. Diese Schwerelosigkeit ist eine der größten Herausforderungen, mit denen die Astronauten umgehen müssen. Denn es gibt kein Oben und kein Unten und nichts bleibt an seinem Platz. Da sie selbst auch schwerelos durch ihr Raumschiff schweben, müssen sie bei ihrem Weltraumalltag einige Besonderheiten beachten.

Wenn ein **Astronaut** wach wird, muss er zuerst aus seinem Schlafsack krabbeln, denn Astronauten schlafen nicht in Betten, sondern in Schlafsäcken. Damit der Schlafsack nicht durchs Raumschiff schwebt, schnallen ihn die meisten Astronauten fest, denn nicht alle schlafen gern im Schweben. Auch bei der Morgentoilette ist einiges anders als auf der Erde. Anstatt einer prasselnden warmen Dusche gibt es hier nur einen feuchten Waschlappen, etwas Seife und ein Handtuch zum Nachreiben. Denn bei einer Dusche mit Wasser würden die Tropfen nicht auf den Boden fallen und zum Abfluss fließen, sondern durch das Raumschiff schweben. Es gibt allerdings auch Raumschiffduschen, bei denen ein Luftzug, wie bei einem Staubsauger, jeden einzelnen Wassertropfen einfangen soll. Da das aber nie ganz gelingt, gibt es zum Beispiel auf der ISS, der Internationalen Raumstation, keine Dusche, sondern nur Waschtücher und Trockenseife für die Haut.

Für die Haare gibt es ein Trockenshampoo, das nicht ausgespült werden muss. Nach einer kurzen Einwirkzeit wird es lediglich mit einem Handtuch aus den Haaren herausgerubbelt. Dieses Shampoo ist so ähnlich wie die Trockenshampoos, die in Drogeriemärkten oft als Reiseshampoos angeboten werden. Zum Zähneputzen können die Astronauten eine ganz gewöhnliche Zahncreme und ein bisschen Wasser benutzen. Das Wasser kommt hier allerdings nicht aus dem Hahn,

Im All ist alles anders: Hier schwebt der deutsche Astronaut Alexander Gerst durch die Internationale Raumstation.

sondern aus einem besonderen Wasserspender. Die Astronauten haben aber kein Waschbecken, in das sie hineinspucken können, denn der Schaum würde sich sehr schnell selbstständig machen. Es bleiben ihnen nur zwei Möglichkeiten: Entweder schlucken sie alles runter oder spucken es in ein Papiertuch, das sie dann in einen verschließbaren Behälter legen.

Toiletten sind in Raumschiffen alles andere als ein stilles Örtchen.

Es sind hoch entwickelte, sehr teure technische Anlagen, die mit starken Pumpsystemen und Motoren arbeiten. Deswegen müssen die Astronauten, wenn sie aufs Klo gehen, verschiedene Dinge beachten. Es fängt damit an, dass der Astronaut sich auf der Toilette anschnallen muss, damit er nicht zwischendurch davonschwebt. Hierzu befestigt er einen Bügel über seinen Oberschenkeln. Und um den Urin und den Kot in der Toilette zu halten, gibt es eine starke Absaug-vorrichtung, die wie ein Staubsauger mit einem **Luft-sog** alles vom Körper wegsaugt. Sonst würde nämlich das, was eigentlich im Klo bleiben soll, wieder hinaus-schweben. In einem Auffangbehälter werden Urin und Kot getrennt und dann unterschiedlich weiter-behandelt.

Gibt es auf der Weltraumstation eine Kläranlage?

Auf der ISS wird der Urin zunächst sehr gründlich ge-reinigt und dann zu Brauchwasser weiterverarbeitet. Seit Kurzem kann der Urin sogar wieder in Trinkwas-ser für die Astronauten umgewandelt werden. Es gibt also ein richtiges **Urin-Recycling**. Auch bei der Her-stellung der Atemluft für die Astronauten wird der Urin eingesetzt. Beim Kot ist es etwas anders: Der wird gesammelt, zusammengepresst und dann aus Platz-gründen ins All gebracht. Hier verglüht er einfach.

Mausschlau!

Zum Frühstück gibt es den Orangensaft aus einem Plastikbeutel, aus dem nur mit einem Spezialstrohhalm getrunken wer-den kann. So verhindern die Astronauten, dass der Saft aus dem Glas oder sogar mit dem Glas frei durch die Raumstation schwebt.

Wieso redet man um den heißen Brei herum?

Brei gilt als Lieblingsessen von Babys und Kleinkindern und wandert auf dem Löffel in den Mund.
Aber auch in den Mündern von Erwachsenen ist
Brei ein Thema. Allerdings meist nur in Form
von Redewendungen, die sie sinnbildlich in den
Mund nehmen. Dabei ist es egal, ob hiermit ein
Milchbrei oder ein Griesbrei gemeint ist. Den
Brei, den jeder selbst auslöffeln muss, kennt ihr
vielleicht und wisst, dass es nichts anderes bedeutet, als dass man für die Folgen von etwas
alleine verantwortlich ist. Aber wieso redet man
auf der einen Seite um den heißen Brei herum
und hat auf der anderen Seite etwas satt wie
kalten Brei?

In einigen afrikanischen Ländern bereiten die Familien das Essen auch heute noch auf die traditionelle Weise zu und essen gemeinsam aus einer Schüssel.

Die Redewendung »Um den heißen Brei herumreden« stammt wahrscheinlich noch aus der Zeit, als die ganze Familie gemeinsam aus einem Topf oder aus einer Schüssel gegessen hat. Das Essen wurde heiß und dampfend von der Feuerstelle genommen und in die Mitte des Tisches gestellt.

Bevor alle mit ihrem Löffel zugreifen konnten, musste das Essen noch etwas abkühlen, und die Familie hatte Zeit, sich zu unterhalten. Sobald alle gleichzeitig zulangten, verstummte das Gespräch, damit jeder genug aus der Schüssel bekam. Es wurde also so lange um den heißen Brei herumgeredet, bis er auf eine verträgliche Temperatur abgekühlt war.

Heute beschreibt die Redewendung Menschen, die eine bestimmte Taktik anwenden, um nicht über unangenehme Dinge oder peinliche Sachen reden zu müssen.

Auch die Angst vor der Reaktion des anderen kann dazu führen, dass sich manche Menschen ausweichend ausdrücken und immer knapp am wichtigsten Punkt vorbeireden. Sie versuchen, durch geschicktes Drumherumreden das Unangenehme nicht direkt anzusprechen, aber trotzdem alles Wichtige mitzuteilen.

Stell dir mal vor, dass du draußen mit deinen Freunden zum Spielen verabredet bist. Du hast deinen neuen Pulli an, und deine Eltern finden das nicht richtig und raten dir, ihn nicht zum Spielen draußen anzuziehen. Aber deine Freunde warten, du hast es eilig, winkst die Bedenken ab und saust los. Ihr tobt draußen richtig wild rum, spielt vielleicht Schatzsuche oder Fangen, und prompt bleibst du an einem Ast hängen und – ratsch – schon ist ein Loch im schönen neuen Pullover. So ein Mist, denkst du dir, das hat gerade noch gefehlt. Natürlich ist dir das jetzt furchtbar unangenehm und du musst es irgendwie deinen Eltern erklären. Aber zu Hause duftet es schon lecker nach Abendessen, und du denkst dir: »Ach, dann sag ich es meiner Mama lieber nach dem Abendessen, das ist immer noch früh genug.« Auf die Fragen deiner Eltern, wie der Nachmittag war und mit wem du was gespielt hast, antwortest du ausweichend. Du befürchtest, dass deine Eltern sonst auf den neuen Pulli zu sprechen kommen. Aber natürlich haben die längst gemerkt, dass da was nicht stimmt, immerhin kennen sie dich ja ziemlich gut. Also haken sie nach. Und als sie sehen, dass du plötzlich einen anderen Pulli anhast, fragen sie ganz bestimmt: »Komm, red nicht um den heißen Brei herum! Was ist eigentlich passiert?«

Aber genau das tust du jetzt vielleicht, um den heißen Brei herumreden, indem du ausweichend von deinen Freunden erzählst. Nebenbei erwähnst du, dass die Sträucher im Garten vielleicht auch mal wieder geschnitten werden müssten und dass auch der neue Pulli nicht wirklich warm hält und überhaupt gar nicht so toll ist ... irgendwann erraten deine Eltern bestimmt, was los ist, oder du schaffst es nicht mehr, um den heißen Brei herumzureden, und platzt mit der Nachricht vom Loch im Pulli heraus.

Und was bedeutet der kalte Brei?

Falls es schon häufiger vorgekommen ist, dass neue Anziehsachen beim Spielen beschädigt wurden, kann es tatsächlich sein, dass einer der beiden jetzt äußert, dass sie das alles so satt wie kalten Brei haben. Damit wollen deine Eltern dir ganz klar und deutlich sagen, dass sie hierfür kein Verständnis mehr haben und vielleicht sogar ärgerlich sind. Also genau so, wie einem bei kaltem Brei eher der Appetit vergeht und man darauf gut verzichten kann, möchten deine Eltern so etwas nicht mehr so schnell erleben.

Mausschlau!

Bei der Redewendung »Viele Köche verderben den Brei« geht es natürlich nicht um heiß oder kalt, sondern um die Tatsache, dass sich nicht zu viele Menschen um die gleiche Angelegenheit kümmern sollten, weil das manchmal eher dazu führt, dass etwas nicht gelingt.

Warum heißt es: »Halt die Ohren steif!«?

Kennt ihr das? Ihr steht unmittelbar vor einer Prüfung, einem Fußballspiel oder einer Aufführung, und ein guter Freund ruft euch zu: »Halt die Ohren steif!« Mit dieser bekannten Redewendung möchte er euch Mut machen, euch unterstützen und Erfolg wünschen. Ein »Halt die Ohren steif, das wird schon wieder« ist mehr als Aufmunterung gemeint, wenn etwas schiefgelaufen ist, ihr Pech hattet oder eine schlechte Note geschrieben habt. Auch wenn die ermutigende Absicht dieses Spruches fast allen Menschen bekannt ist, so ist es doch verwunderlich, dass wir gerade die Ohren steifhalten sollen. Wenn ihr eure Ohren jetzt anfasst, werdet ihr feststellen, dass sie gar nicht weich sind. Die **Ohrmuschel** ist zwar biegsam, aber durch den Knorpel auch ziemlich stabil. Von hängenden Schlappohren kann da wirklich keine Rede sein. Also, was hat es mit den steifen Ohren auf sich?

Vielleicht habt ihr es ja schon mal probiert, aber bis auf einige begabte Ohrenwackler können die meisten Menschen ihre Ohren nicht bewusst bewegen, sie können sie einfach nicht steifhalten. Und auch die Redewendung »Spitz die Ohren« dürfte den meisten Menschen sehr schwerfallen. Selbst Menschen, die mit den Ohren wackeln können, schaffen es nicht, ihren Ohren eine spitzere Form zu verleihen.

Bei vielen Tieren ist das aber anders: Kaninchen, Pferde, Hunde und Katzen können ihre Ohren ganz deutlich aufrichten und zeigen mit den gespitzten Ohren, dass sie aufmerksam sind und alles ganz genau verfolgen.

Ist ein Tier müde, lässt es seine Ohren vielleicht auch mal hängen. Ein gespitztes Ohr hingegen ist ein Zeichen für Wachsamkeit und auch für Flucht- und Sprungbereitschaft.

Stimmt es, dass manche Tiere ihre Ohren sogar einzeln bewegen können?

Für viele Tiere sind die Ohren das wichtigste Sinnesorgan und deshalb können einige von ihnen ihre Ohren sogar unabhängig voneinander bewegen. Dadurch haben sie die Möglichkeit, Geräusche aus allen Richtungen aufzunehmen. Ein aufgerichtetes Ohr nimmt viel mehr wahr als ein hängendes Schlappohr. Viele

Tiere gebrauchen ihr Gehör für die Jagd – und anders-
herum ist ein gutes Gehör für ein Tier oft überlebenswichtig, um Fressfeinde rechtzeitig zu entdecken.

Mit seinen Pinselohren kann der Luchs besonders gut hören. Das Rascheln
einer Maus nimmt die Wildkatze noch aus über 50 Metern Entfernung wahr.

Beide Redewendungen kommen also ursprünglich aus
dem Tierreich: Wenn jemand zu euch »Spitz die
Ohren« sagt, möchte derjenige, dass ihr ihm zuhört,
dass ihr aufpasst und aufmerksam seid, weil er euch

etwas ganz Wichtiges mitteilen möchte. »Halt die Ohren steif« oder »Lass die Ohren nicht hängen« sagt man hingegen, wenn man jemandem Mut zusprechen will. Man möchte denjenigen dann dazu ermutigen, wieder zuversichtlich und munter zu sein. Denn wenn ihr die Ohren offen haltet, wenn ihr aufmerksam seid und euch nichts entgeht, könnt ihr vielleicht auch dem Pech einfacher aus dem Weg gehen.

Mausschlau!

Es gibt übrigens noch viel mehr Redewendungen rund ums Ohr. Vielleicht wisst ihr ja, was diese hier bedeuten: jemanden übers Ohr hauen, auf einem Ohr taub sein, sich etwas hinter die Ohren schreiben, noch grün hinter den Ohren sein, bis über beide Ohren verliebt sein, eine Menge um die Ohren haben, ganz Ohr sein.

Warum hat man Tomaten auf den Augen, Bohnen in den Ohren und einen Kloß im Hals?

Mit den Redewendungen, die wir alltäglich verwenden, beschreiben oder vergleichen wir etwas. Wir benutzen sie, um etwas deutlich zu machen. Bestimmt sind euch Redewendungen wie »Schwein gehabt«, »glatt wie ein Aal« oder »blind wie ein Maulwurf« bekannt. Bei diesen Sprichwörtern ist ihre Bedeutung offensichtlich. Das Glückstier Schwein, der schlangenähnliche, dünne Aal und auch der stets im Dunkeln lebende Maulwurf sprechen einfach für sich. Falls ihr aber schon mal gehört habt, dass jemand »Tomaten auf den Augen«, »Bohnen in den Ohren« oder einen »Kloß im Hals« hat, habt ihr vielleicht auch darüber nachgedacht, wieso gerade diese Begriffe miteinander verknüpft werden?

Dass jemand »Tomaten auf den Augen« hat, heißt nicht, dass er »rotsieht« und wütend wird, sondern beschreibt einen Menschen, der nichts sieht oder vielleicht auch nichts sehen möchte. Manchmal wird auch Menschen, die offensichtlich nichts bemerken wollen, unterstellt, sie hätten Tomaten auf den Augen. Aber warum sind es Tomaten und nicht Äpfel, Birnen oder Eier? Das hängt damit zusammen, dass die Redewendung früher eine etwas andere Bedeutung hatte. Damals bekam die Bemerkung »Du hast ja Tomaten auf den Augen« nämlich ein Mensch mit geröteten oder entzündeten Augen zu hören. Oft beschrieb diese Redewendung auch den Zustand, dass man frühmorgens die verquollenen Augen nicht richtig aufbekam, noch keineswegs richtig wach war und deshalb auch nicht alles wahrnahm.

Die Tomaten sind also eine eindeutige Anspielung auf gerötete Augen gewesen, mit denen man natürlich keinen klaren Durchblick haben konnte.

Ähnlich verhält es sich mit der Redewendung »Bohnen in den Ohren« haben. Dies sagen wir zu jemandem, der nichts hört oder der uns bewusst nicht zuhören will. Schaut euch doch mal die äußere **Ohrmuschel** im Spiegel oder bei euren Freunden genauer an. Dann wird euch bestimmt schnell klar, warum manche Ohrenstöpsel die Form einer Bohne haben, da diese

Form ziemlich gut geeignet ist, um den **Gehörgang** gegen **Schall** abzudichten. Auch Hörgeräte besitzen häufig eine bohnenähnliche Form, weil sie so sehr gut ins Ohr passen.

Müssen wir uns räuspern oder fühlt sich unsere Kehle wie zugeschnürt an, sagen wir oft „Ich habe einen Frosch im Hals". Da ist man froh, wenn dieser Frosch wieder rausspringt und unsere Stimme wieder normal klingt.

Und was ist mit dem »Kloß im Hals«?

Sobald uns Tränen in die Augen steigen, können wir auch nur schlecht schlucken. Wir haben das Gefühl, dass unsere Kehle zugeschnürt ist, dass etwas im Weg ist. Dieses Gefühl wird mit der Redewendung »Ich habe einen Kloß im Hals« sehr bildhaft umschrieben,